Pierre-Yves Chupin

PLAT CHERCHE VINS

Pierre-Yves Chupin

PLAT CHERCHE VINS

Pour accompagner plus de 500 plats, une gamme de suggestions de vins français et étrangers.

FLEURUS
www.fleuruseditions.com

Côté plats

Véritable passion française, la gastronomie est devenue un art, et il était temps pour plats et vins de trouver les raisons de leur accord et de délimiter le terrain de leur entente. Gourmand ou gourmet, nul ne souhaite un jour servir un vin superbe qui couvrira les saveurs du plat ou, au contraire, une bouteille qui donnera en quelques instants au mets préparé d'insupportables notes métalliques.

À l'heure où nous ne cherchons plus dans le vin l'ivresse mais, au contraire, de gourmandes promesses, cet ouvrage est bien là pour honorer notre culture gastronomique et sublimer la rencontre entre la chère et le vin.

Sans vouloir imposer de choix didactiques, nous vous invitons, dans *Plat cherche vins*, à déceler les différentes saveurs qui constituent les futurs associés d'un précieux nectar, mais aussi les jeux de textures. L'accord se fera par tâtonnements, sans oublier l'accompagnement des redoutables légumes ou autres gratins, pour alors privilégier la complémentarité ou… la rupture, entre le mets et le vin. En effet, si un canard aux cerises se montre encore plus savoureux avec une syrah aux notes si proches du fruit, avec un fromage de chèvre sec ou un lapin à la chair serrée, nous choisirons au contraire un vin d'une grande fraîcheur ou d'une belle fluidité pour éviter au palais de se dessécher. Heureusement, la tradition culinaire française vient parfois à notre secours : nombreux sont les produits régionaux ou les recettes à trouver dans les vignobles locaux une source d'épanouissement. Pensons aux huîtres et au muscadet, ou à la choucroute et au sylvaner.

Ce jeu devient vite complexe lorsqu'il associe différents mets jusqu'à constituer un menu. Bien entendu, nombre d'idées reçues sont à bannir. Rappelons, par exemple, qu'un vin blanc trouve tout aussi bien sa place après un rouge, notamment au moment fatidique du fromage. En fait, il importe surtout d'éviter toute accumulation ambitieuse de registres : vins secs ou moelleux, jeunes ou âgés, tanniques ou fruités. À ce stade de la dégustation, la raison s'impose et nos conseils vous éviteront de transformer le repas en un exercice de style aux résultats souvent hasardeux et aux lendemains toujours difficiles. Apprenez à bousculer vos menus, osez servir à l'apéritif une bouteille qui ne redoutera pas l'entrée prévue, et gardez votre cru préféré pour le plat principal qui, à l'évidence, vous retiendra le plus longtemps à table. Quant au dessert, il s'accommode dans bien des cas d'un vin doux naturel ou muté qui saura prolonger le repas en toute convivialité, sur la terrasse ou près d'un feu de cheminée.

Aussi, tentez quelques accords gourmands, et *Plat cherche vins* aura vite trouvé et distillé son gourmand art de vivre.

Pierre-Yves Chupin

Pierre-Yves Chupin est le rédacteur en chef du magazine *Cuisine et Terroirs.* Il est à l'initiative, aux Éditions Fleurus, d'*Un siècle de millésimes et du Guide Fleurus des Vins d'Ailleurs.* Il collabore également à Gourmet TV et dirige une agence de presse spécialisée dans le vin et la gastronomie (PYC Productions), qu'il a créée en 2001.

Nom du plat

Brandade de morue

L'ail qui entre dans la composition du plat et des croûtons qui l'accompagnent détermine l'accord. Le choix du vin se portera sur les appellations développant des notes aromatiques susceptibles de dompter et de corriger la présence du bulbe. Par ailleurs, la morue, un poisson désormais très recherché pour sa chair à la fois délicate et ferme, invite à privilégier des vins présentant des qualités similaires. Les prestigieuses appellations de Châteauneuf-du-Pape ou Hermitage vinifiées en blanc satisferont parfaitement les exigences du poisson. Il est à noter, enfin, que ces deux types de vins développent assez de puissance et de longueur en bouche pour ne pas laisser la purée de pommes de terre traditionnellement servie avec la brandade prendre le dessus.

Description du plat

Définition de la recette, des différents ingrédients ayant une influence sur la construction de l'accord avec un vin.

Suggestions d'harmonie du plat avec :

des vins français : accords plutôt classiques.

des vins français : « coup de cœur » de l'auteur ; accords plutôt inventifs, à essayer.

des vins étrangers.

Cassis, Châteauneuf-du-Pape, Costières de Nîmes, Côtes de Provence, Hermitage, Palette, Patrimonio (blancs).

Bandol, Côtes de Provence, Tavel (rosés).

Chardonnay ou marsanne d'Afrique du Sud ou d'Australie.

Renvoi à un autre plat

Les recettes possédant des caractéristiques organoleptiques très proches appellent les mêmes accords et sont donc regroupées sous une même bannière.

Brebis (fromage de)

Voir chèvre (fromage de)

Aïoli

Cette sauce à base d'ail et d'huile d'olive est souvent confondue avec le grand aïoli. Pour obtenir ce dernier, on ajoute une préparation de morue pochée, de légumes cuits à l'eau, d'escargots et d'œufs durs à l'aïoli. Dans les deux cas, le vin doit faire face à la présence de l'ail. Un blanc méridional, de la vallée du Rhône ou de Provence, possède assez de gras et de matière pour venir arrondir les angles de l'ail, tout en développant un bouquet aromatique assez complexe allant des notes fruitées à florales voire épicées, permettant de rééquilibrer le plat. Ces arômes de fleurs, de fenouil ou d'anis, comme les touches de miel et d'épices qui caractérisent ces vins en vieillissant vont sublimer l'ail jusqu'à lui donner une rondeur et un fruité étonnants. L'accord est également possible avec un rosé en le choisissant sur une appellation méridionale pour retrouver la nervosité et la puissance des épices. On évitera cependant de choisir un rouge, même servi frais, qui se heurtera aux légumes comme aux coquillages et poissons qui accompagnent le plat.

Bandol, Bellet, Cassis, Côtes du Lubéron, Côtes de Provence, Côtes du Ventoux, Palette (blancs).

Bandol, Bellet, Cassis, Côtes de Provence, Palette, Tavel (rosés).

Chardonnay d'Australie.

Alose

Voir brochet

Alose sauce à la bordelaise

Voir sauce à la bordelaise

Anchois frits

Voir friture de petits poissons

Anchois marinés

Voir hareng pommes à l'huile

Andouillette

Cette préparation artisanale exige des vins assez subtils pour sublimer sa texture délicate construite autour de la juxtaposition de fines couches d'intestins, comme pour souligner la rondeur aromatique du bouillon nécessaire à sa confection. Charcuterie peu grasse, l'andouillette peut, certes, se satisfaire d'un rouge fruité en privilégiant alors le cépage gamay, mais elle mérite mieux, à savoir l'élégance d'un champagne. La finesse des bulles fera alors écho à la savante construction du plat, et s'il est un peu vieux ou composé d'un assemblage entre chardonnay, pinot noir et pinot meunier, il en réveillera les notes légèrement épicées. On notera que la sauce crémée qui accompagne le plat renforce l'accord, contrairement à la moutarde qui le desservira.

Chablis, Mâcon-Villages, Meursault, Pouilly Fumé, Saint-Véran, Savennières, Vouvray (blancs) ; Beaujolais, Touraine Gamay (rouges) ; Champagne brut.

Blanquette de Limoux, Clairette de Die, Montlouis, Saumur, Vouvray (blancs pétillants).

Anguille

Voir brochet

Anguille fumée

Pour cette entrée, comme pour tous les poissons fumés, le vin doit s'adapter au gras du poisson, mais aussi à son fumé. Les vins blancs d'Alsace possèdent suffisamment d'acidité et de fraîcheur pour atténuer le gras de l'anguille et souligner les notes fumées qui soutiendront l'accord. On choisira un pinot gris qui apportera ampleur et générosité pour offrir au poisson toute son opulence aromatique. Les vins du centre de la Loire seront également à privilégier pour cette même nervosité et ce bouquet légèrement fumé nécessaires au plat, et pour leur fruité qui s'accordera très bien si le poisson est accompagné d'une sauce crémée simple.

Alsace pinot gris, Menetou-Salon, Pouilly Fumé, Sancerre (blancs).

Alsace riesling, Alsace sylvaner, Montlouis sec, Savennières, Vouvray sec (blancs).

Sauvignon blanc d'Afrique du Sud ou du Chili ; grüner veltliner d'Autriche.

Anguille au vert

Ce plat est construit autour d'un savant équilibre entre le gras du poisson et l'acidité apportée par les nombreuses herbes ajoutées à la préparation. Afin de parfaire et pérenniser cet équilibre, il faut privilégier un vin septentrional pour garder l'acidité, doté d'une texture assez ample pour s'associer au gras de l'anguille, et aux arômes assez fruités pour compléter les notes herbacées de la recette. Le cépage chenin – entrant dans la composition des grands vins blancs de Loire – comme le gewurztraminer alsacien, aux arômes plus épicés et surtout plus exubérants, rempliront parfaitement ce rôle.

Alsace gewurztraminer, Montlouis, Savennières, Vouvray (blancs secs).

Les mêmes vins de Loire en demi-sec, Alsace gewurztraminer Vendanges Tardives (blancs).

Apple crumble

Voir tarte aux pommes

Araignée de mer

Voir plateau de fruits de mer

Artichauts à la barigoule

Voir crudités et salades

Asperges

Ce légume aux arômes si particuliers est difficile à accorder tant sont nombreux les vins qui le redoutent ! L'asperge, qu'elle soit blanche ou verte, développe une puissante amertume qu'il faut chercher à atténuer. Seuls les blancs dotés d'une acidité et d'un fruité prononcés peuvent faire bonne figure. La quête d'acidité invite donc à privilégier les vignobles situés au nord de la Loire, notamment le Val de Loire et l'Alsace. Un riesling à maturité appréciera les notes végétales de l'asperge ; un muscat aux notes de fruits frais (coing, raisin) confèrera beaucoup de fraîcheur et de gourmandise au plat. Un savennières ou un vouvray, de préférence sec ou demi-sec, aux arômes plus contenus, seront les meilleurs faire-valoir des asperges blanches – les vertes, souvent plus aromatiques, préférant l'exubérance du cépage muscat, voire d'un condrieu. On notera que la sauce qui accompagnera les asperges, la traditionnelle mousseline, enrichie d'un jus ou de zestes d'agrumes se mariera agréablement au muscat d'Alsace pour jouer sur un accord tout en fruits.

Alsace gewurztraminer, Alsace muscat, Alsace riesling, Jasnières, Montlouis, Savennières (blancs).

Condrieu (blanc) ; Clairette de Die (blanc pétillant).

Chenin blanc d'Afrique du Sud, d'Australie ou de Nouvelle-Zélande.

Aubergines farcies

Voir légumes farcis

Aubergines grillées

Voir crudités et salades

Baba au rhum

Nul besoin de chercher un vin, le rhum qui imbibe la pâte de ce gâteau sera également parfait pour accompagner et savourer ce dessert.

Baekenofe

Cette potée alsacienne est élaborée à partir de viandes qui reposent une journée durant dans du vin blanc, souvent alsacien, mélangé à de nombreux aromates avant que ne soient ajoutées les pommes de terre. On choisira donc un vin capable de faire face à l'acidité inhérente au vin du plat, comme à sa puissance aromatique. Il faut également tenir compte du gras de la viande, de sa texture qui a tendance à s'effilocher après la longue cuisson, mais aussi de l'amidon des pommes de terre qui assèche rapidement le palais. Aussi, tout invite à préférer un vin vif, assez rustique et désaltérant pour relever ce défi régional. Nul besoin de choisir un grand cru d'Alsace, car un sylvaner ou un pinot blanc auront toute la tonicité nécessaire pour dynamiser et accompagner ce plat rustique.

Alsace edelzwicker, Alsace pinot blanc, Alsace pinot gris, Alsace riesling, Alsace sylvaner (blancs).

Alsace pinot noir (rouge) ; Côtes de Toul, Moselle (blancs ou rosés).

Bar

Nous évoquerons ici l'ensemble des poissons d'eau de mer, à l'exception de quelques spécimens bien particuliers comme le cabillaud, la morue, le hareng, le maquereau, le rouget ou le thon. À la différence des viandes, leur mode de cuisson reste moins déterminant pour le choix du vin que la sauce qui les accompagne. Si le poisson est servi seul, sa chair sera un critère décisif. Ainsi, les poissons dits nobles (turbot, saint-pierre, etc.) sont dotés d'une chair délicate qui mérite un vin blanc issu du chardonnay possédant des arômes et une texture tout en finesse et en élégance. Avec des espèces à la chair moins fine telles que le colin, le lieu ou la julienne, le sauvignon des vins de la Loire ou de certains bordeaux s'accordera par son fruité et son charme très direct. Enfin, on choisira des accords régionaux pour les poissons plus iodés de l'Atlantique qui se marieront au muscadet, doté de notes vives. Ce dernier pourra également, après quelques années de vieillissement, accompagner des poissons nobles. De la même façon, les vins de Corse et du Languedoc possèdent une exubérance aromatique qui fera merveille avec les poissons méditerranéens (rascasse, daurade royale ou loup) cuisinés avec quelques branches de fenouil.

Chablis, Mâcon, Meursault, Puligny-Montrachet (blancs, pour les poissons nobles) ; Bandol, Cassis,

Coteaux du Languedoc, Entre-Deux-Mers, Graves, Menetou-Salon, Muscadet, Palette, Pouilly Fumé, Sancerre (blancs, pour les autres poissons).

Alsace riesling, Savennières (blancs).

Bar au beurre blanc

Voir sauce beurre blanc

Barbue

Voir bar

Bartavelle

Voir bécasse

Baudroie

Voir bar

Bavarois au citron

Voir tarte au citron

Bavarois aux fruits rouges

Voir tarte aux fruits rouges

Bavarois aux pommes

Voir tarte aux pommes

Bavette à l'échalote

Voir viandes rouges et blanches rôties

Beaufort

Comme le comté, le gruyère ou l'emmental, le beaufort développe, en vieillissant, une grande complexité d'arômes autour de notes fleuries ou végétales, évoquant ses origines montagnardes. Il possède alors une pâte sablonneuse d'une rare délicatesse. S'il faut absolument choisir un vin blanc, qui seul possède l'acidité nécessaire pour supporter le gras, le choix reste néanmoins grand parmi ceux qui sauront mettre en valeur la grande richesse de ce fromage. Les bourgognes blancs offrent une texture qui saura révéler celle du fromage et gardent assez de nervosité pour sublimer le fruité du beaufort. Si le fromage est accompagné d'un pain aux noix, le choix se portera sur un vin du Jura, un côtes-du-jura ou, mieux, un vin jaune, si le fromage est particulièrement affiné. L'accord s'appuiera alors sur les notes oxydées du vin et, en bouche, toute éventuelle amertume sera gommée par la présence d'épices ou de miel. Un accord régional avec les vins de Savoie est également possible, car ils possèdent la puissance, mais aussi la finesse nécessaires pour apprécier ce type de fromages.

Auxey-Duresses, Chablis, Mâcon, Mercurey, Meursault, Vins de Savoie (Abymes, Apremont, Chignin-Bergeron), Roussette de Savoie, Saint-Aubin (blancs, pour les fromages jeunes) ; Arbois, Arbois-Pupillin, Château-Chalon, Côtes du Jura, L'Étoile (vins jaunes du Jura, pour les fromages plus âgés).

Xérès, Montilla-Moriles Fino, ou Manzanilla d'Espagne.

Bécasse

La bécasse est certainement le gibier à plumes le plus recherché. Les amateurs l'honorent souvent en l'accompagnant de précieux flacons. Sa réputation gastronomique tient autant à la finesse de sa chair qu'à sa puissance et sa complexité aromatique, notamment si l'oiseau n'est pas vidé. Les vins doivent donc posséder, en premier lieu, la rondeur et le soyeux qui sublimeront la chair : les bordeaux issus du cépage merlot séduisant après quelques années par une suavité rarement égalée, mais aussi un nuits-saint-georges ou un gevrey-chambertin, en privilégiant leur finesse et leur concentration plutôt que leur seule puissance. Les villages et surtout les grands crus de la côte d'Or possèdent en effet un « grain » et une texture suave qui font merveille avec les gibiers à plumes. Enfin, dans la vallée du Rhône, on pourra apprécier un hermitage ou un côte-rôtie qui, dévoilant des notes torréfiées, poivrées et de fruits très mûrs, sauront soutenir le plat, surtout si sont proposés en accompagnement les intestins tartinés.

Côte-Rôtie, Hermitage, Pomerol, Saint-Émilion (rouges) ; Aloxe-Corton, Beaune, Chambolle-Musigny, Gevrey-Chambertin, Nuits-Saint-Georges, Pommard, Volnay (rouges premiers crus) ; Chassagne-Montrachet et tous les grands crus de la côte d'Or (rouges).

Shiraz de la Barossa Valley d'Australie ; cabernet-sauvignon de Californie.

Beignets d'aubergines

Voir beignets de fleurs de courgettes

Beignets de fleurs de courgettes

En veillant, lors de la préparation, à ce que la pâte à beignet soit légère, il est possible de construire un accord agréable qui mette en valeur toute la richesse aromatique de la fleur de courgette. Trop de pâte risquerait en effet de rendre le plat excessivement gras, alourdissant le palais, limitant alors le choix aux seuls vins réputés acides. On choisira des blancs de Provence ou issus du pourtour méditerranéen, qui, malgré leur faible acidité, offriront de belles notes florales et épicées et sauront exacerber la chaleur toute végétale du plat pour lui donner une cohérence et une réelle vigueur.

Ajaccio, Bellet, Cassis, Coteaux d'Aix-en-Provence, Coteaux Varois, Côtes de Provence, Palette, Patrimonio, Vin de Corse (Calvi, Coteaux du Cap Corse, Figari, Porto-Vecchio, Sartène) (blancs).

Costières de Nîmes, Coteaux du Languedoc, Côtes du Roussillon (blancs).

Beignets sucrés

Dessert festif, le beignet mérite un joli flacon. La pâte est heureusement peu sucrée, et si l'on veille à saupoudrer le beignet d'un léger voile de sucre, toute la gamme des vins moelleux ou liquoreux reste envisageable. En revanche, l'indispensable bain de friture oblige à privilégier un vin pourvu d'une réelle acidité pour contrer le gras vite envahissant du beignet et « réveiller » le palais alourdi. Aussi, seules les appellations septentrionales de la Loire et d'Alsace apporteront une heureuse réponse.

Bonnezeaux, Coteaux de l'Aubance, Coteaux du Layon, Montlouis, Quarts-de-Chaume, Vouvray (blancs demi-secs, moelleux ou liquoreux) ; Alsace gewurztraminer, Alsace pinot gris, Alsace riesling (Vendanges Tardives ou Sélection de Grains Nobles).

Arbois, Arbois-Pupillin, Château-Chalon, L'Étoile (vins jaunes ou de paille du Jura) ; Macvin (blanc ou rouge).

Biche

Voir chevreuil

Bisque de homard

Voir sauce à l'américaine

Blanc manger

Voir pithiviers

Blanquette

Qu'elle soit préparée à base de veau, de volaille, de lapin, d'agneau, voire de poissons ou de légumes, la blanquette appelle les mêmes accords : seules la sauce et la texture du plat sont déterminantes. Le roux (préparation à base de farine et de beurre utilisée pour lier une sauce), comme les champignons et le riz servis en accompagnement, confère au plat un côté gélatineux qui nécessite un vin assez tonique. Les blancs à l'acidité marquée sauront dynamiser la préparation. On privilégiera les chardonnays de Bourgogne pour les blanquettes de poisson et le riesling pour celles à base de légumes. L'ajout d'un filet de citron au plat permettra d'oser un vin issu du cépage sauvignon qui développera la même acidité fruitée. Les appellations ou les crus les plus prestigieux sont toutefois à éviter, leur complexité aromatique ne sera pas valorisée par cette recette qui joue davantage sur la rondeur que sur la précision des saveurs. Du côté des rouges, on évitera les vins trop tanniques qui heurteraient la crème présente dans la sauce, mais on choisira les gamays dont les arômes de fruits rouges prolongeront agréablement le vinaigre également présent dans la sauce.

Bourgogne Hautes-Côtes de Beaune, Bourgogne Hautes-Côtes de Nuits, Mâcon, Mâcon-Villages, Montagny, Pouilly-Fuissé, Pouilly-Loché, Pouilly-Vinzelles, Rully, Viré-Clessé (blancs issus du chardonnay) ; Côtes de Blaye, Entre-Deux-Mers, Graves, Reuilly, Sancerre (blancs issus du sauvignon); Alsace riesling (pour les blanquettes de légumes).

Beaujolais, Sancerre (rouges).

Sémillon de Hunter Valley d'Australie ; sauvignon blanc du Chili ; Gavi di Gavi ou Soave d'Italie.

Bleu d'Auvergne

Voir roquefort

Bleu de Bresse

Voir roquefort

Bleu des Causses

Voir roquefort

Bœuf bourguignon

Contrairement à ce que l'origine de la recette pourrait indiquer, les bourgognes ne constituent pas la seule possibilité d'honorer ce grand plat. Comme pour toutes les préparations en sauce à la cuisson longue, on construira l'accord sur la réduction qui donne naissance à une texture voluptueuse et à une grande richesse aromatique. On choisira des vins qui offrent assez de chaleur comme ceux de la vallée du Rhône. Ils joueront autant de leur exubérance que de leur finesse pour laisser s'exprimer toute la complexité du plat. La présence des carottes et du vin rouge dans le plat invite également tous les vins issus du pinot noir ou du merlot qui, en vieillissant, magnifient des notes de fruits presque compotés. Ainsi, les bordeaux de la rive droite dotés d'une belle maturité offriront une souplesse et une jolie longueur en bouche, tandis que les bourgognes jeunes dotés d'une agréable fraîcheur dynamiseront la préparation.

Châteauneuf-du-Pape, Côtes du Rhône, Crozes-Hermitage, Gevrey-Chambertin, Gigondas, Lussac Saint-Émilion, Montagne Saint-Émilion, Nuits-Saint-Georges, Pomerol, Puisseguin Saint-Émilion, Saint-Émilion, Saint-Georges Saint-Émilion, (rouges).

Bandol, Cahors, Patrimonio (rouges).

Cabernet-sauvignon, cabernet franc ou merlot du monde entier ; pinot noir de Nouvelle-Zélande ; Chianti Classico d'Italie.

Bœuf aux carottes

Voir bœuf bourguignon

Bœuf ficelle

Voir pot-au-feu

Bœuf gros sel

Voir pot-au-feu

Bœuf mode

Voir bœuf bourguignon

Bouchées à la reine

Ce grand classique de la gastronomie française joue sur le contraste entre le craquant du feuilletage et l'onctuosité suave de la garniture. Le vin doit ainsi trouver sa place et posséder assez de mâche pour exister face à la délicatesse de la pâte tout en montrant assez de nervosité pour réveiller la sauce blanche de la préparation. Un bourgogne blanc, de préférence à maturité, relèvera parfaitement le défi. Son acidité apportera le tonus nécessaire et s'associera parfaitement avec la crème pour donner au plat une belle longueur en bouche. Tandis que le gras du vin répondra à celui du plat, ses notes évoluées joueront de leur moelleux comme de leur opulence pour enrober la recette et lui donner toute sa cohérence. D'autres grands vins blancs de Loire, alsaciens ou bordelais répondront aussi à l'accord, mais il leur manquera des notes d'amandes grillées et surtout de pain brioché qui prolongent avec bonheur la saveur de la pâte feuilletée.

Meursault, Puligny-Montrachet et tous les grands blancs de la côte de Beaune (blancs à maturité).

Alsace pinot gris, Alsace riesling, Pessac-Léognan, Savennières (blancs).

Riesling d'Australie.

Boudin blanc

Cette charcuterie d'une grande finesse mérite toutes les attentions tant lors de sa cuisson que lors du choix du vin. Si l'acidité est nécessaire pour réveiller le gras, on rêve vite de fines bulles de champagne pour accompagner et sublimer sa texture. Un champagne millésimé dans un assemblage où le chardonnay joue la part belle fera également ressortir les notes évoluées d'amandes grillées ou d'épices chaudes du boudin blanc. Si les bourgognes blancs issus du chardonnay conviennent, le cépage chenin caractéristique de certains vins blancs de Loire peut également former une belle union. Il offre une linéarité qui permettra au plat de trouver sa dynamique, mais aussi des notes de fruits confits (coing) qui rivaliseront de douceur avec le plat. Il sera également possible d'oser un demi-sec en choisissant un vin évolué pour construire un accord insolite et réussi.

Champagne sec ou demi-sec (millésimé) ; Chassagne-Montrachet, Meursault, Montlouis, Puligny-Montrachet, Savennières, Vouvray (blancs).

Côtes du Jura, Montlouis, Vouvray (blancs demi-secs) ; Arbois, Arbois-Pupillin (vins jaunes du Jura).

Boudin noir

Il existe presque autant de sortes de boudins noirs que de charcutiers ! La chair peut être compacte et serrée, ou, au contraire, riche en morceaux de viande. Dans les deux cas, on choisira un vin à la fois vif et structuré pour donner de la cohérence et du dynamisme au plat, surtout s'il est accompagné de pommes de terre ou de pommes fruits. Harmoniser les arômes pour faire face à l'assaisonnement toujours poivré et épicé du boudin est indispensable. Nombre de cépages soutiennent ces saveurs : la syrah de la vallée du Rhône est dotée de notes épicées caractéristiques, tandis que le merlot bordelais dévoile, en vieillissant, des notes de fruits compotés et un côté charnel, voire giboyeux, qui trouvent leur prolongement dans le sang de la préparation. Le tannat, variété propre aux vins du Sud-Ouest offrant des arômes d'épices et de vanille, ne sera pas en reste, tout comme le cabernet franc des vins de Loire évoluant sur des notes de fruits rouges qui sauront apporter beaucoup de fraîcheur à la chaleur épicée du plat.

Anjou-Villages, Bourgueil, Chinon, Crozes-Hermitage, Madiran, Pomerol, Saint-Émilion et ses appellations périphériques, Saint-Joseph, Saint-Nicolas-de-Bourgueuil (rouges).

Collioure, Côtes du Roussillon (rouges).

Syrah d'Australie, du Chili ou des États-Unis ; tannat d'Uruguay ; malbec d'Argentine.

Bouillabaisse

L'originalité de la bouillabaisse tient dans son bouillon puissant et parfumé. Il en est de même pour tous les plats de poissons bouillis. On choisira un vin blanc méridional de la vallée du Rhône ou de Provence, possédant assez de gras et de matière pour venir arrondir les angles de l'ail très présent, tout en développant un bouquet aromatique assez complexe de fruits, de fleurs et d'épices, permettant de rééquilibrer le plat. Ces arômes de fleurs, de fenouil ou d'anis, comme les notes de miel et d'épices qui caractérisent ces vins en vieillissant, vont donner à l'ail une rondeur et un fruité étonnants. On évitera cependant de choisir un rouge, même servi frais, qui se heurtera aux légumes comme aux coquillages et aux poissons qui constituent le plat.

Bellet, Cassis, Châteauneuf-du-Pape, Côtes du Lubéron, Côtes de Provence, Côtes du Ventoux, Palette (blancs).

Bandol, Bellet, Cassis, Costières de Nîmes, Côtes de Provence, Coteaux de Languedoc, Palette, Tavel (rosés).

Bourride

Voir bouillabaisse

Brandade de morue

L'ail qui entre dans la composition du plat et des croûtons qui l'accompagnent détermine l'accord. Le choix du vin se portera sur les appellations développant des notes aromatiques susceptibles de dompter et de corriger la présence du bulbe. Par ailleurs, la morue, un poisson désormais très recherché pour sa chair à la fois délicate et ferme, invite à privilégier des vins présentant des qualités similaires. Les prestigieuses appellations de Châteauneuf-du-Pape ou Hermitage vinifiées en blanc satisferont parfaitement les exigences du poisson. Il est à noter, enfin, que ces deux types de vins développent assez de puissance et de longueur en bouche pour ne pas laisser la purée de pommes de terre traditionnellement servie avec la brandade prendre le dessus.

Cassis, Châteauneuf-du-Pape, Costières de Nîmes, Côtes de Provence, Hermitage, Palette, Patrimonio (blancs).

Bandol, Côtes de Provence, Tavel (rosés).

Chardonnay ou marsanne d'Afrique du Sud ou d'Australie.

Brebis [fromage de]

Voir chèvre (fromage de)

Brie

Voir camembert

Brochet

Comme la plupart des poissons d'eau douce (omble chevalier, sandre), le brochet offre une chair délicate ainsi que des arômes souvent subtils et harmonieux, jamais perturbés par la présence d'iode. Aussi invitent-ils à privilégier des vins blancs secs, ronds et relativement soyeux. C'est peut-être l'occasion de se détourner des vignobles trop proches du littoral et de découvrir des cépages plus « continentaux ». Certes, les chardonnays bourguignons donneront satisfaction comme les chenins d'Anjou ou de Touraine, mais les rieslings d'Alsace, ou les roussannes et jacquères de Savoie ont toute la matière et la finesse requises pour construire un bel accord. Leurs arômes floraux, souvent gourmands et de fruits blancs, relèveront avec beaucoup d'élégance la chair du poisson.

Alsace riesling (encore jeune), Auxey-Duresses, Chablis, Chassagne-Montrachet, Ladoix, Mâcon, Mercurey, Meursault, Montagny, Pernand-Vergelesses, Pouilly-Fuissé, Puligny-Montrachet, Roussette de Savoie, Rully, Saint-Aubin, Saint-Romain, Saint-Véran, Savennières, Vins de Savoie (Abymes, Apremont, Chignin-Bergeron), Vouvray sec (blancs).

Graves, Pessac-Léognan (blancs).

Brochet au beurre blanc

Voir sauce beurre blanc

Brochettes d'agneau grillées

Voir viandes rouges et blanches grillées

Bûche au chocolat

Voir mousse au chocolat

Bugnes

Voir beignets sucrés

Cabillaud

Cabillaud ou morue sont appréciés autant pour leur chair dense et feuilletée que pour leur douce suavité, si l'on soigne leur cuisson. Si tous les vins propres aux poissons d'eau de mer conviennent, il serait regrettable de ne pas mettre en valeur de telles qualités gustatives. Accompagnés d'un simple jus de cuisson, on choisira de jolis vins blancs comme ceux de Bourgogne, notamment certains crus du Mâconnais pour leur gras et leur complexité aromatique. Certaines appellations de la vallée du Rhône, vinifiées en blanc, sont également conseillées pour leur grain et leur texture serrée si proche de celle du poisson.

Châteauneuf-du-Pape, Hermitage, Mâcon, Mercurey, Meursault, Pouilly-Fuissé (blancs).

Graves (blanc).

Chardonnay ou sémillon d'Australie ; chardonnay d'Argentine, du Chili ou de Nouvelle-Zélande.

Cabri

Voir chevreuil

Cailles

Voir bécasse

Calamars à l'encre

Voir sauce à l'encre

Camembert

Ce fromage emblématique de la gastronomie française est loin d'honorer les vins. Les rouges qui sont fréquemment servis pour l'accompagner développent au palais un goût métallique désagréable. Les vins plus légers, comme ceux issus du cépage gamay (Beaujolais, Touraine ou Anjou Gamay) ne réussissent pas à éviter ce désagrément. Avec les blancs, le résultat n'est pas plus probant ; seul un champagne issu pour l'essentiel du cépage chardonnay parvient, notamment grâce à sa vivacité, à contrer l'acidité ou les notes parfois chlorées du fromage. En fait, l'accord le plus satisfaisant reste local, si on accepte de remplacer le vin par un cidre brut ou même un calvados. Il est alors préférable de choisir une eau-de-vie issue du Domfrontais aux arômes beaucoup plus rustiques que celles toujours délicates du pays de Caux, et dès lors mieux adaptées au salé du camembert.

Champagne de préférence issu du chardonnay, cidre bouché ou fermier.

Calvados.

Canard aux cerises

Le canard, qu'il soit sauvage ou non, possède une peau grasse qui risque d'alourdir le palais si on ne veille pas à choisir des vins dotés d'une réelle fraîcheur. Sa chair, toujours serrée, impose également des vins à la texture tout aussi présente en bouche. Heureusement, les cerises sont moins exigeantes et appellent toutes les appellations développant des notes généreuses de fruits rouges. On choisira donc des vins de Bourgogne qui joueront à merveille de leur acidité et de leur fruité pour mettre en valeur tant la viande que les cerises, sans pour autant se tourner vers les crus les plus prestigieux. Les rouges du Roussillon offriront, quant à eux, un fruité évoluant facilement vers d'agréables notes chaleureuses et épicées qu'il faudra parfois dompter en servant les vins assez frais.

Collioure, Côtes de Nuits-Villages, Côtes du Roussillon, Côtes du Roussillon-Villages, Fixin, Marsannay, Mercurey, Rully, Santenay, Savigny-lès-Beaune (rouges).

Banyuls (blanc, ambré ou rouge doux).

Assemblages de grenache, mourvèdre et syrah d'Australie ou de Californie; pinotage d'Afrique du Sud ; barolo ou barbaresco d'Italie.

Canard aux choux

Voir pintade aux choux

Canard laqué

La sauce aigre-douce qui nappe le canard oblige à gérer l'association entre sucré et salé mais aussi à faire face à la peau, vite caramélisée et croustillante de la volaille. Les vins du pourtour méditerranéen offrent pour beaucoup une texture assez dense permettant d'apprécier la peau ainsi cuisinée. Un bandol, un châteauneuf-du-pape, un faugères ou un minervois, choisis de préférence à maturité, joueront de leurs savants assemblages pour développer des notes complexes, poivrées et épicées qui effaceront les arômes trop sucrés du plat. On pourra également choisir de jouer le sucre contre le sucre et oser un vin doux naturel.

Bandol, Châteauneuf-du-Pape, Faugères, Minervois (rouges).

Banyuls, Banyuls Grand Cru (rouges doux).

Shiraz d'Australie ; cabernet-sauvignon de Californie ; Rioja d'Espagne ; Chianti Classico ou Brunello di Montalcino d'Italie.

Canard aux navets

Dans ce classique de la gastronomie,

le navet absorbe une partie de la graisse du canard et allège le plat. Ce légume à l'amertume prononcée ne facilite pourtant pas le choix du vin. Si les rouges, et notamment les bourgognes encore jeunes, trouvent ici leur place, on préfèrera des blancs et plus particulièrement les rieslings. Ces blancs d'Alsace sont dotés de l'acidité et de la texture nécessaires pour accompagner la chair de la viande et développent une minéralité adaptée aux légumes. On notera qu'en ajoutant quelques épices (par exemple, un peu de paprika ou de la cardamone), le plat prendra une saveur inégalée et le vin trouvera l'occasion d'exacerber sa finesse et sa complexité.

Alsace gewurztraminer, Alsace riesling (blancs) ; Bourgogne Hautes-Côtes de Beaune, Bourgogne Hautes-Côtes de Nuits, Mercurey, Nuits-Saint-Georges, Santenay (rouges, jeunes).

Côtes du Rhône (blanc ou rouge).

Barbera d'Italie ; pinot noir de Nouvelle-Zélande.

Canard aux olives

La seule présence des olives situe et attache irrésistiblement ce plat au Sud. Pour parfaire le décor, il suffit donc de choisir le vin parmi une appellation de la vallée du Rhône, de la Provence, de la Corse ou du Languedoc-Roussillon. Le puissant bouquet qu'offre la plupart des rouges de ces régions embaumera le plat de notes de garrigue, de romarin ou de thym. En les servant un peu frais, ces rouges trouveront la vivacité nécessaire pour affronter le gras du plat et offriront une douce suavité qui honorera la richesse de la sauce.

Bandol, Corbières, Costières de Nîmes, Coteaux d'Aix-en-Provence, Côtes de Provence, Côtes du Rhône, Côtes du Roussillon, Faugères, Patrimonio (rouges).

Châteauneuf-du-Pape (blanc).

Cabernet-sauvignon ou shiraz d'Australie ; Nero d'Avola ou Primitivo di Manduria d'Italie.

Canard à l'orange

En allégeant la recette et en évitant l'ajout de liqueur ou de caramel, ce plat permet d'inviter les plus grands liquoreux à table. La présence de l'orange tempère en effet le gras du canard et évite de se limiter aux seuls vins à l'acidité marquée. Ainsi, les liquoreux du Sud-Ouest sauront rebondir sur les notes chaleureuses de l'agrume pour exprimer toute leur onctuosité et leur complexité. Il est également possible de construire l'accord avec certains vins rouges qui ont l'originalité de développer avec les années des arômes proches de l'orange, telles les appellations Bandol, Minervois ou Côtes du Roussillon.

Barsac, Cadillac, Loupiac, Monbazillac, Sainte-Croix-du-Mont, Sauternes (blancs liquoreux) ; Bandol, Côtes du Roussillon, Minervois (rouges).

Coteaux de l'Aubance, Coteaux du Layon, Jurançon, Montlouis, Vouvray (blancs demi-secs).

Canard aux pêches

Comme nombre de volailles, le canard se satisfait aussi bien de vins rouges que de blancs. C'est donc l'occasion de déguster un condrieu ou un saint-joseph blanc qui développent, dès leur jeunesse, de subtils arômes de pêche et d'abricot. Toujours dans la vallée du Rhône, il existe également des appellations exprimant de suaves arômes de miel, d'aubépine ou d'amandes qui feront parfaitement écho à la pêche du plat. Après quelques années de vieillissement, ces vins possèdent une texture tout en suavité et en rondeur, proche de celle du fruit. Enfin, on pourra également se tourner vers un rouge, dans les mêmes appellations de la vallée du Rhône, ou puiser dans la grande gamme vinicole de la Provence ou du Languedoc-Roussillon. On ajoutera alors au plat quelques herbes (laurier, romarin ou thym) pour prolonger les notes de garrigue propres à tous ces vins.

Condrieu, Saint-Joseph (blancs) ; Côtes du Rhône, Crozes-Hermitage, Hermitage (blancs ou rouges) ; Côtes de Provence, Côtes du Roussillon (rouges).

Alsace muscat (blanc).

Canard aux petits pois

Dotés d'une structure asséchante, les petits pois ne s'accordent pas avec des vins trop astringents ou tanniques. Heureusement, la chair fine du légume invite à choisir des crus réputés davantage pour leur grain serré que pour leurs tanins. Les bourgognes rouges, en les préférant jeunes pour mieux épouser les notes primaires ou exubérantes du pois, répondent à de telles exigences, d'autant qu'ils développent des arômes de fruits rouges qui trouveront leur prolongement dans le sucré des pois. Certains rouges de Loire, conviendront tout aussi bien. Enfin, certains vins blancs, dès qu'ils exprimeront de jolies touches florales, trouveront aussi leur place. Ils seront même recommandés si l'on ajoute aux petits pois des oignons blancs, toujours acides et malveillants avec les vins rouges.

Bourgogne Hautes-Côtes de Beaune, Bourgogne Hautes-Côtes de Nuits, Bourgueil, Chinon, Gevrey-Chambertin, Nuits-Saint-Georges, Santenay (rouges) ; Alsace riesling, Côtes de Provence, Côtes du Rhône (blancs).

Alsace pinot noir (rouge).

Canard aux pruneaux

Les notes de pruneaux se retrouvent dans de nombreux vins du Sud-Ouest, patrie s'il en est une, du pruneau. Les cahors, tout particulièrement, dévoilent après quelques années de jolies notes de prunes confites qui offriront un beau prolongement au plat. Le fruit, après cuisson, confèrera aussi à la sauce une texture riche et onctueuse qui se mariera parfaitement à ces vins réputés pour leur suavité.

Buzet, Cahors, Côtes de Saint-Mont, Gaillac, Madiran (rouges).

Banyuls (blanc, ambré ou rouge doux).

Canard à la rouennaise

Voir civet

Canard au sang

Voir civet

Cannelés

Cette gourmandise bordelaise constitue un savant équilibre entre le moelleux de la pâte et le croustillant de la croûte, délicieusement caramélisée. Pour affronter cette dualité, on optera pour un vin à la fois assez acide pour affronter le caramel et assez suave pour magnifier la pâte. Parmi les liquoreux du Sud-Ouest, le sauternes et peut-être mieux encore le jurançon, sauront relever le défi. En les choisissant dans leur phase de maturité, ils sauront aussi répondre par leurs notes évoluées et épicées au rhum présent dans la préparation.

Cadillac, Haut-Montravel, Jurançon, Monbazillac, Pacherenc du Vic-Bilh, Sainte-Croix-du-Mont, Sauternes (blancs liquoreux).

Gaillac Doux, Quarts-de-Chaume (blancs).

Chenin, sauvignon ou sémillon late harvest du monde entier.

Cantal

Ce fromage, qui s'apprécie autant dans sa jeunesse qu'après un affinage prolongé, conserve durant toutes les étapes de son vieillissement une acidité redoutée de tous les vins rouges. Pour éviter de prendre un quelconque risque, on se limitera à des rouges jeunes et fruités issus du cépage gamay, caractéristique notamment du vignoble auvergnat. Avec les blancs, le choix reste heureusement plus ouvert. Le chardonnay possèdera à la fois la matière, la fraîcheur et la nervosité pour sublimer le fromage, tandis que les vins blancs de Savoie dégustés avec un cantal, jeune de préférence, pourront développer de jolies notes florales qui enrichiront l'accord.

Beaujolais, Côtes Roannaises, Saint-Pourçain (rouges) ; Bourgogne Hautes-Côtes de Beaune, Mâcon, Roussette de Savoie, Vins de Savoie (Abymes, Apremont, Chignin-Bergeron) (blancs).

Vins de Savoie (issu de mondeuse rouge).

Carbonade

Cette recette flamande est en fait une belle invitation à déguster des vins du Sud. La cassonade, le pain d'épices et le bouquet garni de la préparation composent un jeu complexe de notes chaleureuses qui trouveront leur épanouissement avec les appellations de la vallée du Rhône comme avec celles de tout le pourtour méditerranéen. Ces vins possèdent des arômes exubérants et une texture opulente qui leur permettent de parfaitement s'épanouir avec la sauce volontairement sirupeuse du plat.

Bandol, Côtes de Provence, Côtes du Lubéron, Côtes du Rhône, Côtes du Roussillon, Faugères, Gigondas, Minervois, Saint-Chinian (rouges).

Pomerol, Saint-Émilion (rouges sur un vieux millésime).

Cabernet-sauvignon d'Argentine, de Californie ou du Chili ; malbec d'Argentine

Cari d'agneau

Voir sauce au curry

Cari de poulet

Voir sauce au curry

Carottes râpées

Voir crudités et salades

Carpaccio

Qu'il soit préparé à base de viande ou de poisson, le carpaccio se caractérise par l'extrême finesse des tranches. Il importe donc de choisir un vin qui possède une texture assez délicate pour ne pas froisser celle du plat. On évitera les vins rouges trop tanniques pour accompagner la viande et on privilégiera au contraire les appellations développant en bouche une belle suavité. Les vins de la vallée de la Loire, tout en finesse et sur des notes assez primaires, s'entendront avec la simplicité de l'apprêt. Pour les poissons, l'acidité ne doit pas être trop marquée, car elle risquerait de perforer la chair délicate et les arômes encore intacts du poisson cru.

Anjou, Chablis, Entre-Deux-Mers, Saumur, Savennières (blancs) ; Anjou, Bourgueil, Saumur-Champigny, Touraine (rouges).

Alsace pinot noir (rouge ou rosé, avec un carpaccio de viande).

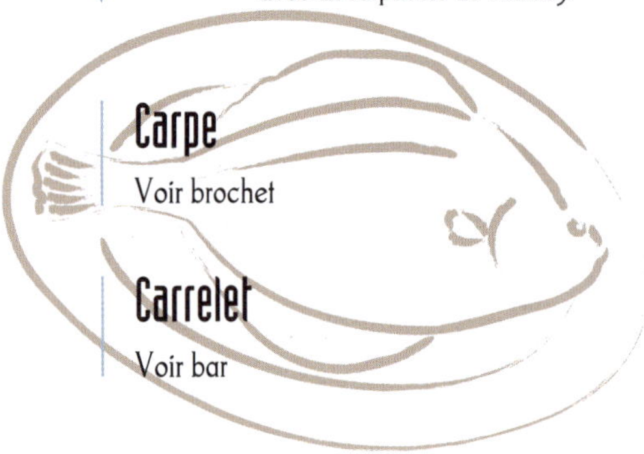

Carpe

Voir brochet

Carrelet

Voir bar

Cassoulet

Ce plat emblématique du Sud-Ouest constitue une belle invitation à découvrir les vins de cette même région. Durant la longue cuisson du plat, la graisse joue un rôle essentiel, fixe les arômes et procure aux viandes un fondant inégalé. On choisira donc un vin tannique comme un madiran, dont l'astringence due à la présence de tanins saura redonner vie à un palais rapidement saturé par cet excès de gras et asséché par la texture des haricots. Aussi est-il essentiel de privilégier des vins encore jeunes, car toujours plus tanniques. On se tournera également vers les appellations Buzet, Bergerac, Cahors, voire Saint-Émilion ou Pomerol, qui apporteront notamment la rondeur de leurs notes fruités ou leur bouquet boisé si caractéristique, pour dynamiser le plat et lui donner beaucoup de saveurs gourmandes.

Bergerac, Buzet, Cahors, Madiran, Pomerol, Saint-Émilion (rouges).

Côtes du Frontonnais, Graves, Irouléguy (rouges).

Campo de Borja, Rioja ou Somontano d'Espagne ; barbera d'Italie.

Caviar

Les gastronomes en raffolent... et pourtant, les vins qui honorent ce produit de luxe sont rares. Le caviar réunit en fait deux handicaps majeurs : une texture excessivement grasse et des saveurs nettement iodées. Seul un vin blanc à la fois sec et acide pourra lui faire face et éviter ce goût métallique hélas si souvent rencontré lors de dégustations. Les rieslings d'Alsace sont peut-être les seuls vins aptes à l'accompagner, s'ils possèdent une réelle minéralité. Le champagne, vin festif par excellence, est certes tentant, mais il faudra alors opter pour une cuvée très légèrement dosée, ou mieux encore, un ultra-brut, pour éviter toute confrontation entre le salé du plat et le sucré du vin. Mais soyons rassurés, il reste toujours la vodka qui n'a pas d'égal pour apprécier le caviar.

Alsace riesling, Jasnières sec ou Vouvray (blancs).

Champagne (de préférence non dosé, ultra-brut).

Xérès d'Espagne.

Caviar d'aubergines

Voir crudités et salades

Céleri rémoulade

Voir crudités et salades

Cèpes à la bordelaise

Voir champignons

Champignons

Les champignons développent des arômes que l'on retrouve souvent dans les vins rouges évolués, notamment dans les bordeaux de la rive droite. Souvent cuisinés à la graisse de canard, ils invitent en fait la plupart des appellations bordelaises ou du Sud-Ouest qui, à maturité, développent outre ces notes de sous-bois, de jolis arômes ronds, vanillés et chaleureux notamment dus à leur passage en fûts de bois. Il faudra cependant compter avec quelques exceptions comme les morilles cuisinées traditionnellement à la crème. On changera alors totalement de région pour privilégier les vins du Jura aux notes oxydées.

Bordeaux, Côtes de Castillon, Pomerol, Saint-Émilion (rouges) ; Arbois, Château-Chalon (vins jaunes du Jura).

Xérès, Amontillado ou Palo cortado (variétés de Xérès), Montilla-Moriles d'Espagne.

Champignons à la grecque

Voir crudités et salades

Chaource

Voir camembert

Chapon rôti

Voir volaille rôtie

Charcuteries

À l'exception des terrines et pâtés (voir terrines), les charcuteries s'accordent mieux avec les blancs qu'avec les rouges. Ces derniers, souvent trop tanniques, développent en bouche une astringence bien peu agréable avec la texture généreuse des charcuteries. Aussi, les bordeaux ou les vins du Sud-Ouest sont à éviter et l'on privilégiera les appellations septentrionales à l'acidité nécessaire pour résister au gras, et au fruité marqué pour apporter un peu de rondeur. Pour une dégustation réussie, les blancs restent cependant la meilleure solution. Avec les rillons ou les rillettes, des vins issus du cépage chenin constituent un heureux accord : ils possèdent assez de fraîcheur et développent des notes de fleurs blanches ou de fruits (coings) qui procurent une réelle longueur en bouche. Avec les jambons qu'ils soient blancs ou persillés, les bourgognes blancs, dans les appellations les plus simples, partagent une même texture, ronde et grasse. Quant au cépage sauvignon des sancerres et autres vins du centre de la France, il offre assez de vivacité et d'exubérance aromatique pour rendre gourmandes de nombreuses préparations. Enfin, les blancs d'Alsace, du simple edelzwicker au riesling plus sophistiqué, s'associent très bien avec les saucisses locales, aux notes épicées ou fumées souvent proches de celles du vin.

Alsace edelzwicker, Alsace riesling, Alsace sylvaner, Bourgogne, Bourgogne Aligoté, Bourgogne Hautes-Côtes de Beaune, Bourgogne Hautes-Côtes de Nuits, Montlouis, Pouilly Fumé, Sancerre, Savennières, Vouvray (blancs) ; Anjou Gamay, Beaujolais, Fleurie, Touraine gamay, Morgon (rouges).

Charlotte au café

Voir moka au café

Charlotte au chocolat

Voir mousse au chocolat

Charlotte au citron

Voir tarte au citron

Charlotte aux fruits rouges

Voir tarte aux fruits rouges

Charlotte aux pommes

Voir tarte aux pommes

Chèvre (fromage de)

Pour faciliter le choix du vin, il faut commencer par distinguer les chèvres frais des chèvres secs. Avec ces derniers, on choisira d'emblée des vins blancs qui, en bouche, possèdent une réelle fraîcheur pour redonner vie au palais vite asséché, mais aussi de la rondeur pour apporter du gras en partie disparu au cours de l'affinage. Les blancs ou les rosés de Provence, de la vallée du Rhône comme du Languedoc-Roussillon développent de jolies notes épicées et souvent miellées qui offriront un supplément de gourmandise à des fromages devenus austères. À l'inverse, avec les chèvres frais, le vin devra contenir le gras du fromage et sa texture un peu pâteuse et envahissante. Les blancs issus de vignobles plus septentrionaux (Bourgogne, vallée de la Loire) apporteront toute l'acidité, le fruité, la nervosité et la vivacité nécessaires pour relever le défi.

Costières de Nîmes, Coteaux du Languedoc, Côtes de Provence, Côtes du Rhône, Tavel (blancs ou rosés, avec les chèvres secs) ; Bourgogne, Cheverny, Mâcon, Sancerre, Saumur, Touraine (blancs, avec les chèvres frais).

Beaujolais, Touraine, rouges du Jura (rouges, avec les chèvres frais).

Sauvignon blanc du Chili ou de Nouvelle-Zélande.

vreuil appelle des vins réputés puissants. Mais sa chair se caractérise également par une réelle finesse que l'on retrouvera dans de nombreuses appellations bourguignonnes ou de la vallée du Rhône septentrionale réputées pour leur suavité. En choisissant les rouges de la côte de Beaune, souvent réputés plus féminins que leurs voisins de la côte de Nuits, on préférera cependant des crus du Rhône arrivés à maturité pour profiter de leurs arômes tertiaires et même giboyeux. Avec un sanglier ou un marcassin, on optera en revanche pour les rouges plus structurés de la côte de Nuits ou des appellations de la vallée du Rhône plus méridionales aux ensorcelantes notes de cuir ou même de thym.

Côte-Rôtie, Côtes de Beaune, Crozes-Hermitage, Hermitage, Saint-Joseph, Savigny-lès-Beaune, Volnay (rouges, avec chevreuil et biche) ; Bandol, Châteauneuf-du-Pape, Cornas, Gevrey-Chambertin, Gigondas, Nuits-Saint-Georges, Patrimonio (rouges, avec sanglier et marcassin).

Corbières, Minervois (rouges).

Shiraz d'Australie.

Chevreuil

Comme tous les gibiers à poils, le che-

Chevreuil sauce grand veneur

Voir sauce saint-hubert

Chiche-Kebab

Voir couscous

Chili con carne

Voilà un plat ne laisse jamais le palais indifférent ! Ce ragoût de bœuf toujours très épicé et servi avec des haricots rouges a rapidement tendance à assécher le palais. Aussi, un rosé bien structuré de Provence ou de Corse apportera toute la fraîcheur nécessaire et une richesse aromatique à la hauteur de celle du plat. On osera également un irouléguy rouge servi frais : les tanins du vin épouseront parfaitement la texture un peu rêche des haricots rouges et ses notes si caractéristiques de cannelle procureront une belle longueur en bouche.

Ajaccio, Lirac, Palette, Patrimonio, Tavel (rosés).

Irouléguy (rouge).

Dolcetto d'Alba ou Valpolicella d'Italie.

Chipiron à l'encre

Voir sauce à l'encre

Choucroute

De manière générale, le chou cuit donne soif, surtout lorsqu'il est accompagné de charcuteries fumées comme dans la traditionnelle choucroute alsacienne. Il importe donc de choisir un vin désaltérant qui puisse également faire face à l'acidité du plat. Les vins blancs d'Alsace, en évitant les rieslings ou gewurztraminers trop charpentés pour ce plat familial, font merveille. Pour les adeptes du rouge, le pinot noir alsacien servi frais fera également l'affaire.

Alsace edelzwicker, Alsace pinot blanc, Alsace sylvaner (blancs) ; Alsace pinot noir (rouge).

Crémant d'Alsace (blanc).

Cava brut d'Espagne ; Prosecco d'Italie.

Chou farci

Cette recette traditionnelle d'Auvergne comporte de nombreuses variantes, notamment celles à base de farine et de lait qui rendent la farce très compacte. Aussi, le vin doit être souple et coulant, de préférence rouge pour s'entendre avec les notes fumées du lard, et à l'acidité marquée pour faire face à celle du légume. Les appellations auvergnates, à base de cépage gamay, sont ici à leur aise, mais on pourra également préférer les vignobles ligériens ou bourguignons, propres à produire des vins tout aussi fruités et légers.

Bourgogne Épineuil, Bourgogne Hautes-Côtes de Beaune, Bourgogne Hautes-Côtes de Nuits, Bourgogne Passe-Tout-Grains, Châteaumeillant, Coteaux du Loir, Coteaux du Vendômois, Côtes d'Auvergne, Côtes de Gien, Irancy, Saint-Pourçain, Valençay, Touraine gamay (rouges).

Beaujolais, Saint-Bris, Sancerre (blancs).

Choux à la crème

Voir saint-honoré

Cîteaux

Voir époisses

Civet

Cette préparation hautement gastronomique nécessite une longue cuisson au vin rouge que terminera une liaison avec le sang de la bête cuisinée. Quel que soit le gibier, il faut tenir compte de cette sauce capiteuse, voire charnelle, qui oblige à privilégier des vins arrivés à maturité. À Bordeaux, le cépage merlot offre une structure soyeuse et en parfaite harmonie avec la texture de la sauce ainsi que des notes giboyeuses tout aussi adéquates. La syrah des prestigieuses appellations de la vallée du Rhône développera des notes épicées, poivrées ou même torréfiées qui combleront les gastronomes les plus avertis. Le pinot noir, développe, lui, tout particulièrement sur la côte de Beaune, une puissance inégalée et tout aussi adaptée à ce type d'apprêt. Plus au sud, les appellations de la vallée du Rhône méridionale se distinguent par une élégance, une densité voire une fraîcheur aromatique particulièrement intéressantes avec le marcassin ou le sanglier aux viandes un peu sèches. Enfin, les vins mutés trouvent ici leur place : un banyuls aux notes torréfiées, de cacao ou même de cuir sublimera la recette surtout si, comme dans la version traditionnelle, on y ajoute au dernier moment un carré de chocolat.

Châteauneuf-du-Pape, Corbières, Cornas, Corton, Côte-Rôtie, Faugères, Hermitage, Minervois, Pomerol, Pommard, Saint-Émilion, Santenay (rouges).

Banyuls (rouge doux).

Shiraz ou cabernet-sauvignon d'Australie ; cabernet-sauvignon, merlot ou syrah des pays du Nouveau Monde.

Clafoutis aux cerises

Voir tarte aux fruits rouges

Cœur de veau braisé

Voir viandes rouges et blanches braisées

Colin

Voir bar

Comté

Voir beaufort

Confit de canard

En laissant cuire la viande dans sa graisse, le confit est depuis toujours un mode de conservation. Aussi faut-il, comme pour le cassoulet, privilégier des vins dotés de tanins bien présents pour limiter le gras du plat. Le tannat, cépage propre aux madirans et réputé pour sa richesse tannique, est particulièrement bien adapté. Il confère aux vins des arômes de fruits rouges et noirs qui s'associent bien aux notes rondes de la viande confite, presque compotée. Les cahors, qu'ils soient boisés ou non, offrent un fruité similaire tout aussi bien adapté au plat, tout comme les vins de certaines appellations bordelaises, s'ils sont choisis sur leur jeunesse pour conserver toute leur charge tannique.

Bordeaux Côtes de Francs, Cahors, Côtes de Castillon, Madiran, Pomerol, Saint-Émilion et les appellations périphériques (rouges).

Béarn, Buzet, Côtes du Frontonnais, Tursan (rouges).

Malbec d'Argentine ; tannat d'Uruguay.

Confit d'oie

Voir confit de canard

Confit de porc

Voir confit de canard

Confit de volaille

Voir confit de canard

Coq au vin

Dans sa version classique, la volaille est accompagnée d'une sauce généreuse au vin rouge agrémentée de petits oignons et de lardons. Loin d'être capiteuse, cette sauce s'apprécie pour sa fluidité et oblige ainsi à éviter des vins aux tanins marqués. Les beaujolais et tout particulièrement les crus possèdent la vinosité requise comme des arômes de fruits rouges qui évoluent vite avec quelques années de vieillissement vers des notes presque giboyeuses toujours agréables avec la volaille. Les voisins bourguignons conviennent tout aussi bien, offrant l'acidité nécessaire

pour réagir aux oignons de la recette, mais présentant également, pour certains, des notes fumées qui prolongent avec bonheur celles des lardons.
Quant au coq au vin jaune, il oblige à limiter le choix au seul vin jaune ou à un autre vin du Jura à base du cépage savagnin. Entre la sauce alors crémée et le vin, se retrouvent les mêmes notes oxydées, avec des arômes de noix, de curry.

Beaujolais, Brouilly, Chénas, Chiroubles, Côtes de Brouilly, Fleurie, Givry, Juliénas, Mercurey, Moulin-à-Vent, Morgon, Régnié, Rully, Saint-Amour, Volnay (rouges) ; Arbois, Côtes du Jura (vins jaunes).

Bourgueil, Chinon, Saint-Nicolas-de-Bourgueil (rouges).

Valpolicella Classico d'Italie.

Coques farcies

Voir palourdes farcies

Coquillages

Voir plateau de fruits de mer

Coquilles Saint-Jacques

Les Saint-Jacques offrent des saveurs iodées, mais aussi légèrement sucrées, voire épicées, sur une texture à la fois dense et généreuse. Aussi, ce coquillage mérite-t-il d'emblée des vins blancs tout aussi complexes. Cette richesse permet également à la Saint-Jacques de s'associer à toutes sortes de saveurs et oblige dès lors à construire l'accord en fonction de l'apprêt : avec une sauce légèrement crémée ou beurrée, on choisira les grands bourgognes blancs ou un champagne millésimé ; avec l'ajout d'épices, un riesling ou un gewurztraminer ; tandis que les truffes ou les champignons s'accommoderont d'un vin de la vallée du Rhône ou d'un vin jaune ; avec quelques zestes d'agrumes, on optera pour un vin de Loire ou un pessac-léognan blanc.

Champagne millésimé ; Alsace gewurztraminer, Alsace riesling, Bourgogne, Châteauneuf-du-Pape, Hermitage, Pessac-Léognan, Savennières, Vouvray (blancs) ; Arbois, Arbois-Pupillin, Château-Chalon, Côtes du Jura, L'Étoile (vins jaunes).

Grüner veltliner d'Autriche ; pinot grigio de Trentino d'Italie ; petite arvine de Suisse.

Coquilles Saint-Jacques à la nage

Voir écrevisses à la nage

Coquille Saint-Jacques à la provençale

Voir sauce à la provençale

Côte d'agneau grillée

Voir viandes rouges et blanches grillées

Côte de porc charcutière

Voir sauce gribiche

Côte de veau grillée

Voir viandes rouges et blanches grillées

Côte de veau à la provençale

Voir sauce à la provençale

Cotriade

Voir bouillabaisse

Cou d'oie farci

Voir confit de canard

Courgettes farcies

Voir légumes farcis

Couscous

Ce plat cumule beaucoup de difficultés pour définir un accord idéal avec un vin. Il réunit des textures différentes (semoule, bouillon ou pois chiches), comme des arômes toujours très épicés (merguez, harissa) et un gras vite envahissant. Aussi est-il nécessaire de choisir pour l'accompagner des vins frais, des rouges dotés de notes épicées issus de la vallée du Rhône ou du pourtour méditerranéen, ou encore des vins rosés qui doivent être suffisamment structurés pour ne pas être écrasés par la puissance du plat.

Côtes de Provence, Côtes du Rhône (rouges) ; Costières de Nîmes, Côtes du Rhône, Lirac, Tavel (rosés).

Vins rouges du Maghreb ; Valpolicella d'Italie.

Crème brûlée

Comme pour toute recette à base d'œufs et de crème fraîche, ce dessert offre une texture suave que le vin devra défendre et mettre en avant. La surface caramélisée de la préparation oblige en même temps à privilégier un vin à l'acidité ou au fruité marqués, ne serait-ce que pour dynamiser le palais. Les muscats seront donc parfaits, développant des arômes de raisin frais et même de fleurs blanches qui donneront de la mâche et l'impression de croquer le fruit. L'accord procurera assurément beaucoup de gourmandise au dessert. Il est cependant possible de préférer un banyuls qui remplacera les arômes de fruits par des notes torréfiées ou épicées tout aussi adaptées au caramel.

Banyuls, Maury (blancs, ambrés ou rouges liquoreux) ; Muscat de Beaumes-de-Venise (blanc liquoreux) ; Muscat de Lunel, Muscat de Mireval, Muscat de Rivesaltes, Muscat de Saint-Jean-de-Minervois (blancs doux).

Bonnezeaux, Coteaux du Layon, Jurançon, Quarts-de-Chaume, Sauternes (blancs).

Crème caramel

Voir crème brûlée

Crevettes sautées à la sauce piquante

Voir sauce gribiche

Crottin de Chavignol

Voir chèvre (fromage de)

Croûtes aux morilles

Voir champignons

Crudités et salades

Les légumes, tant par leur acidité et leur amertume que par leur texture parfois croquante, filandreuse ou au contraire molle, rendent difficile l'accord avec les vins. La vinaigrette ou le simple filet d'huile, de vinaigre ou de citron qui l'accompagne généralement ne facilite pas les choses. Il est donc parfois préférable de se limiter au vin servi à l'apéritif ou avec le plat principal. Quelques cépages offrent toutefois d'heureuses notes végétales ou florales susceptibles de convenir. Si le cabernet franc cher aux chinons rouges accompagne à merveille les poivrons marinés, seuls les vins blancs et rosés trouvent ici leur place. Au nord, le riesling développe en plus des saveurs minérales parfaitement adaptées. Un peu plus au sud, l'éventail se montre beaucoup plus large. Les côtes-de-provence, les cassis ou bellet offrent en blanc des notes d'épices et de fleurs blanches qui s'accordent avec l'huile d'olive, l'ail et les herbes utilisés dans de nombreuses recettes. Quant aux rosés structurés comme le tavel, ils s'entendent bien avec les tomates, servies ou non avec basilic et mozzarella. Enfin, les rosés plus septentrionaux comme les sancerre, menetou-salon, reuilly ou cheverny, permettent, grâce à leur supplément d'acidité, d'affronter la vinaigrette même moutardée d'une salade d'haricots verts, de lentilles ou de pommes de terre.

Alsace riesling (blanc) ; Bellet, Cassis, Cheverny, Côtes de Provence, Menetou-Salon, Reuilly, Sancerre, Tavel (blancs ou rosés).

Chinon (rouge, avec des poivrons marinés).

Crustacés

Voir plateau de fruits de mer

Cuisses de grenouilles

Grand classique de la gastronomie française, les cuisses de grenouilles sont accompagnées généralement d'une sauce à base de crème et d'ail. Cet apport aromatique déterminant ne doit cependant pas empêcher de prendre en compte la tendresse de la chair des cuisses. Le vin doit donc afficher une mâche à la fois souple et ferme pour combler la dégustation. Un bourgogne blanc, un peu évolué, offrira une jolie texture (un chablis serait trop fluide) et assez de vivacité pour affronter la crème et surtout l'ail. On pourra aussi choisir un riesling, de préférence avec quelques années d'âge, qui jouera moins sur la rondeur que sur une longueur en bouche marquée par des notes épicées exubérantes. Voilà un vin qui a parfois l'art de révéler des arômes souvent insoupçonnés avant la dégustation !

Alsace riesling, Mâcon, Mercurey, Meursault (blancs).

Graves (blanc).

Cuissot de marcassin

Voir chevreuil

Cul de veau à l'angevine

Voir viandes rouges et blanches braisées

Curry d'agneau

Voir sauce au curry

Daube provençale

Dans sa version la plus traditionnelle, la daube surprend par sa grande richesse aromatique (épices, herbes et écorces d'oranges séchées) comme par la texture capiteuse de la sauce ou celle confite de la viande due aux longues heures de cuisson et à l'incorporation d'un pied de veau. Face à une telle complexité, on choisira un vin puissant pour faire la synthèse de tant de paramètres, mais aussi doté d'une réelle onctuosité pour ne pas souffrir du côté gélatineux de la réduction. Les rouges de la vallée du Rhône, du Languedoc-Roussillon ou de la Provence possèdent ces qualités. On pourra les choisir jeunes pour dynamiser le plat et faire face aux anchois ou aux olives qui entrent parfois dans la composition ; ou on optera pour des vins à maturité pour mettre en valeur la rondeur du plat.

Bandol (de sept ans ou plus), Châteauneuf-du-Pape, Collioure, Corbières, Côtes de Provence, Côtes du Rhône-Villages, Gigondas, Minervois, Saint-Chinian (rouges).

Patrimonio (rouge).

Merlot du Chili ; Ribera del Duero, Rioja ou Toro d'Espagne ; Chianti d'Italie.

Daurade

Voir bar

Dinde aux marrons

Si le marron apporte beaucoup de douceur et de rondeur au plat, la chair du fruit risque d'assécher le palais comme le gras de la volaille de le fatiguer. Les bordeaux encore un peu jeunes ou certains vins du Sud-Ouest offriront, grâce à leurs tanins, un peu d'aspérité en bouche qui révélera par contraste la douce suavité des marrons. On pourra également jouer avec l'acidité du pinot noir en choisissant un vin dont il est issu tel un volnay ou un pinot noir d'Alsace. Ils apporteront chacun à leur manière l'acidité et la fraîcheur nécessaires, mais aussi de jolies notes de fruits rouges tout en gourmandise.

Alsace pinot noir, Beaune, Bordeaux Supérieur, Cahors, Graves, Madiran, Médoc, Mercurey, Pomerol, Saint-Émilion, Savigny-lès-Beaune, Volnay (rouges).

Chinon (rouge).

Dolcetto d'Alba ou Valpolicella Classico d'Italie ; humagne de Suisse ; pinot noir d'Autriche ou de Suisse.

Dinde rôtie

Voir volaille rôtie

Diplomate

Cet entremets s'appuie sur la rondeur du pain brioché ou des biscuits à la cuillère, des fruits confits souvent imbibés de rhum ou de kirsch, et de la crème anglaise qui l'accompagne. Malgré la présence d'un alcool fort, ce dessert traditionnel supporte les liquoreux. La rencontre génère certes beaucoup de sucre, mais le vin partage la même onctuosité que le dessert et développe surtout des notes d'agrumes et de fruits confits qui prolongent la dégustation et lui donnent une réelle dynamique.

Barsac, Cadillac, Jurançon Moelleux, Loupiac, Sainte-Croix-du-Mont, Sauternes (blancs liquoreux).

Alsace gewurztraminer, Alsace muscat, Alsace pinot gris (blancs, Sélection de Grains Nobles ou Vendanges Tardives).

Vins liquoreux du Burgenland d'Autriche ; moscatel d'Espagne.

Échine de porc braisée

Voir viandes rouges et blanches braisées

Éclade

Voir moules marinières

Éclair au café

Voir moka au café

Éclair au chocolat

Voir mousse au chocolat

Écrevisses à la nage

La garniture aromatique du bouillon met en relief les arômes du crustacé et détermine le choix du vin. Il importe de prévoir un vin blanc assez acide pour affronter la présence citronnée, et surtout assez exubérant pour faire face aux échalotes, aux oignons, à l'ail, mais aussi aux fines herbes. Un sauvignon issu du Bordelais ou du centre de la Loire, aux jolis arômes d'agrumes, ou les vins blancs beaucoup plus aromatiques de la vallée du Rhône, qui associent en bouche des notes florales et fruitées, conviendront. Pour un accord sur la finesse, on se régalera avec les deux prestigieuses appellations de Condrieu et de Château-Grillet, dotées d'arômes caractéristiques de violette, de pêche ou d'abricot, qui accompagneront agréablement la rondeur des crustacés. On trouvera cette même élégance avec un riesling jeune à la structure veloutée et délicate et doté de notes fraîches de fruits.

Bordeaux Supérieur, Château-Grillet, Condrieu, Côtes du Rhône, Crozes-Hermitage, Graves, Hermitage, Pessac-Léognan, Saint-Joseph, Sancerre (blancs).

Alsace riesling (blanc).

Riesling d'Allemagne ; grüner veltliner d'Autriche ; petite arvine de Suisse.

Écrevisses sauce Nantua

Voir sauce à l'américaine

Emmental

Voir beaufort

Endives au jambon

L'amertume de l'endive rend délicat le choix du vin. Heureusement, dans cette préparation, le jambon et surtout la béchamel en atténuent les effets. Rouges ou blancs accompagneront ce plat : les blancs devront posséder un joli fruité qui contrebalancera l'amertume des endives et assez de nervosité pour dynamiser le palais vite alourdi par la présence de la béchamel. Du côté des rouges, on recherchera également fruité et vivacité, en évitant cependant des vins trop tanniques et trop astringents qui les rendraient désagréables en bouche. On choisira ici de préférence des vins coulants, souples et dotés d'un fruité harmonieux.

Alsace edelzwicker, Alsace pinot blanc, Beaujolais, Bourgogne Aligoté, Quincy, Reuilly, Sancerre (blancs) ; Beaujolais, Bourgogne Épineuil, Irancy, Reuilly, Sancerre (rouges).

Côtes de Toul (rouge ou blanc).

Entrecôte forestière

Voir champignons

Entrecôte grillée

Voir viandes rouges et blanches grillées

Entrecôte marchand de vin

Voir sauce à la bordelaise

Époisses

Ce fromage contribue à la réputation de la Bourgogne et n'a pourtant jamais fait honneur à ses vins. L'époisses possède une telle puissance en bouche qu'il ferait oublier l'élégance des vins aussi bien de la côte de Beaune que de Nuits. Si on souhaite l'accompagner d'un rouge, on devra oser une confrontation « musclée » en choisissant des vins renommés puissants comme les bandol ou patrimonio, servis assez frais, dans leur jeunesse. Les blancs restent cependant les moins risqués. Le gewurztraminer, qui s'associe avec bonheur au tout aussi problématique munster, trouvera une nouvelle fois ses repères. Sa texture moelleuse et son velouté mettront en valeur l'onctuosité du fromage et calmeront ses saveurs relevées. Pour plus de sérénité, on préférera un marc de bourgogne, alcool utilisé pour le lavage de la croûte, en le choisissant vieux, lorsque ses notes alcooliques commencent à s'atténuer.

Alsace gewurztraminer, Alsace pinot gris, Mâcon (blancs) ; Bandol, Les Baux de Provence, Patrimonio (rouges).

Vieux marc de Bourgogne.

Escalope à la milanaise

Souvent à base de veau, cette préparation se caractérise surtout pour sa chapelure qui donne au plat un croquant sympathique. On choisira pour l'accompagner des vins souples, ronds et sans véritable aspérité. Qu'ils soient rouges ou blancs, ils mettront à l'honneur la texture de l'escalope. En privilégiant également l'acidité et le fruité, propres aux vins des appellations plus septentrionales, le gras inhérent à ce type de plat sera vite gommé et la dégustation sera plus agréable.

Pouilly-Fuissé, Quincy, Sancerre (blancs) ; Chinon, Saint-Nicolas-de-Bourgueil, Saumur-Champigny (rouges)

Furmint de Hongrie ; pinot grigio d'Italie.

Escalope de veau à la crème

Voir sauce à la crème

Escargots

Voir cuisses de grenouilles

Estouffade de bœuf

Voir daube provençale

Faisan aux choux

Voir pintade aux choux

Faisan aux noix

Voir pintade aux noix

Faux-filet grillé

Voir viandes rouges et blanches grillées

Filet de bœuf rôti

Voir viandes rouges et blanches rôties

Filet de bœuf sauce Périgueux

Voir sauce Périgueux

Filet mignon de porc au poivre

Voir sauce au poivre

Flamiche aux poireaux

Voir quiche lorraine

Foie gras poêlé

Une fois poêlé, le foie gras offre moins de possibilités d'accords. Tandis que la cuisson fait ressortir le gras, elle offre au plat une texture des plus molles, qu'il est nécessaire de réveiller. Les vins blancs dotés d'une franche acidité s'imposent donc. Le cépage chenin propre aux vins d'Anjou et de Touraine développe de subtiles notes florales ou de miel qui souligneront et prolongeront la finesse et la suavité du plat. De la même façon, un riesling ou un gewurztraminer, sans forcément se limiter aux vendanges tardives ou sélections de grains nobles, mettront en scène le plat par leur exubérance aromatique. Par ailleurs, un champagne - de préférence millésimé - pour donner un peu de complexité aromatique grâce à ses bulles, dynamisera le plat avec beaucoup d'élégance. Quant aux adeptes du vin rouge, ils éviteront les vins trop tanniques dont l'astringence heurterait la texture ronde du foie poêlé, et préféreront des vins offrant à la fois acidité et fruité en toute harmonie.

Alsace gewurztraminer, Alsace riesling, Bonnezeaux, Coteaux de l'Aubance, Coteaux du Layon, Jasnières, Montlouis, Quarts-de-Chaume, Savennières, Vouvray (blancs secs ou moelleux) ; Champagne millésimé.

Alsace pinot noir, Chassagne-Montrachet, Sancerre, Volnay (rouges).

Pinot noir de Californie ou de Nouvelle-Zélande.

Foie gras en terrine

Rares sont les grands vins blancs, rouges ou moelleux, qui ne s'associent pas au foie gras ! Mais pour honorer ce plat gastronomique, quelques accords méritent d'être tout particulièrement mentionnés. Avec les foies de canard, jugés plus rustiques, et plus encore s'ils sont accompagnés d'un pain de campagne, on choisira des vins rouges, de préférence un peu tanniques, qui affronteront le gras. Tout le vignoble bordelais peut alors être au rendez-vous : ajoutez un peu d'épices sur la terrine, et les médocs ou les pessac-léognans usent de la complexité et du grain fin du cabernet-sauvignon pour signer un accord d'une grande finesse ; osez un peu de truffes avec la terrine, et un saint-émilion ou un pomerol laissera au merlot le soin de développer un côté charnel et soyeux irrésistible. Avec des foies d'oie, de préférence proposés avec du pain brioché pour mettre en avant la chair délicate, le Bordelais reste à l'honneur : un sauternes offrira son onctuosité au plat comme ses jolies notes de miel ou de fruits confits tout en sachant que la légère amertume du foie « dé-sucrera » le vin. Un peu plus au sud, le jurançon possède cette pointe d'acidité qui rendra encore plus digeste le gras, tout comme les moelleux ou les liquoreux d'Anjou ou de Touraine aux notes de coing et d'agrumes. L'accord régional fonctionne tout aussi bien, et le foie d'oie originaire d'Alsace promet avec le riesling ou le gewurztraminer une incroyable longueur en bouche. Enfin, pour ceux qui redoutent le sucre, n'hésitez pas à choisir un grand bourgogne blanc arrivé à maturité, tel un meursault, qui développe des notes légèrement oxydées florales ou même fruitées d'une rare élégance pour accompagner le foie, ou, dans un registre similaire, un vieux champagne millésimé, voire un savennières ou un vouvray que vous choisirez cette fois-ci sec.

Alsace gewurztraminer, Alsace riesling (Vendanges Tardives ou Sélection de Grains Nobles), Barsac, Bonnezeaux, Cadillac, Cérons, Coteaux de l'Aubance, Coteaux du Layon, Jurançon, Loupiac, Montlouis, Pacherenc du Vic-Bihl, Quarts-de-Chaume, Sainte-Croix-du-Mont, Sauternes, Vouvray (blancs moelleux ou liquoreux) ; Bordeaux, Bordeaux Côtes de Francs, Bordeaux Supérieur, Côtes de Castillon, Graves, Listrac-Médoc, Margaux, Moulis, Pauillac, Pessac-Léognan, Pomerol, Saint-Émilion et toutes les appellations satellites, Saint-Estèphe, Saint-Julien, (rouges tanniques avec le canard).

Champagne millésimé ; Meursault, Savennières, Vouvray sec à maturité (blancs, avec un foie d'oie).

Cabernet-sauvignon ou merlot de tous pays ; Ribera del Duero, Rioja ou Toro d'Espagne ; Chianti Classico ou Brunello d'Italie ; sauvignon blanc, sémillon moelleux ou liquoreux d'Autriche ou de Suisse (pour le canard).

Foie de veau au vinaigre

Le vinaigre, par son acidité, est bien l'ennemi du vin, et il importe ici de le dominer pour pouvoir apprécier et mettre en avant la grande finesse du foie de veau. Un vin de Chinon remplira parfaitement cette mission : elle est l'une des seules appellations à ne pas redouter le vinaigre, et sa puissance comme son exubérance aromatique évoquant à la fois la violette et la framboise construiront un joli accord. De même, certains vins rouges du Centre, notamment le sancerre, ou de l'est, alsace pinot noir ou côtes-de-toul, useront de leur acidité pour faire oublier celle du plat et développeront de jolies notes de fruits rouges que l'on pourra même retrouver dans le vinaigre.

Alsace pinot noir, Chinon, Menetou-Salon, Sancerre (rouges).

Côtes de Toul (rouge).

Fondue bourguignonne

Les morceaux de viande subissent à la fois le gras du bain de friture comme celui des sauces dans lesquelles on les trempe avant de les déguster. Autant de gras ne peut que nuire au vin ! Seuls des vins à l'acidité marquée et servis frais peuvent essayer de réveiller un palais ainsi bien endormi. Le choix se limitera à des vins rouges, de préférence primeurs, issus du cépage gamay à l'acidité encore marquée et au fruité désaltérant.

Beaujolais, Côtes d'Auvergne, Saint-Pourçain, Touraine gamay (rouges).

Alsace pinot noir, Anjou gamay, Bourgogne Passe-Tout-Grains, Vins du Thouarsais (rouges).

Fondue savoyarde

Le fromage fondu a vite tendance à donner soif comme à assécher le palais. Le vin ici recherché répond donc à des besoins presque physiologiques ! Le choix se limite essentiellement à certaines appellations savoyardes qui, en blanc, apportent une tonicité et d'agréables notes fruitées ou florales bien utiles pour donner un peu de longueur en bouche. Pour donner encore plus de fraîcheur et un petit air de fête à ce plat dégusté souvent en vacances, un vin blanc pétillant comme un mousseux d'Ayze, un crémant d'Alsace ou de Bourgogne sont tout à fait recommandables.

Alsace edelzwicker, Alsace pinot blanc, Alsace sylvaner, Roussette de Savoie, Vins de Savoie (Abymes, Apremont, Chignin-Bergeron) (blancs).

Crémant d'Alsace ou de Bourgogne, Mousseux d'Ayze (blancs).

Forêt noire

Voir mousse au chocolat

Fourme d'Ambert

Voir roquefort

Fraisier

Voir tarte aux fruits rouges

Friture de petits poissons

Le gras de la friture impose d'emblée des vins blancs à la fois acides et toniques pour réveiller le palais. Avec les petites pêches de la côte atlantique, un muscadet, un gros plant du pays nantais ou un entre-deux-mers joueront de leurs jolies notes primaires de pomme, d'agrumes ou de fleurs blanches pour donner beaucoup de saveurs au plat. On pourra également tenter des vins blancs de Savoie qui, sur certaines appellations, apportent fraîcheur et simplicité mais aussi richesse aromatique.

Alsace sylvaner, Bordeaux Sec, Entre-Deux-Mers, Gros Plant du Pays Nantais, Muscadet (blancs).

Cheverny, Roussette de Savoie, Touraine (blancs).

Fromage de brebis

Voir chèvre (fromage de)

Fromage de chèvre

Voir chèvre (fromage de)

Fromage des Pyrénées

Voir cantal

Galette des rois

Voir pithiviers

Gambas

Voir plateau de fruits de mer

Garbure

Voir potée aux choux

Gaspacho

Ce potage espagnol servi très frais et relevé de pointes d'ail rend assez difficile le choix d'un vin. Les légumes proposés en accompagnement apportent heureusement mâche et texture. Un rosé charpenté, comme ceux du pourtour méditerranéen, soutiendra la puissance aromatique du plat. Il est également possible de jouer sur les contrastes et de servir un vin à température ambiante, un rouge de Loire issu du cabernet franc, un chinon de préférence. Son bouquet évoquant le poivron pourra alors prolonger le poivron présent dans le plat, de même que son tempérament et son caractère sauront se satisfaire du vinaigre et des condiments.

Bandol, Coteaux du Languedoc, Côtes de Provence, Tavel (rosés).

Bourgueil, Chinon, Saint-Nicolas-de-Bourgueil, Saumur-Champigny (rouges).

Rioja d'Espagne (rosé).

Gâteau basque

La crème pâtissière confère à ce gâteau une certaine lourdeur. On cherchera donc un vin capable d'alléger la dégustation. Le meilleur accord reste régional, car un jurançon moelleux ou liquoreux possède assez d'acidité et de vivacité pour soutenir ce dessert. Dévoilant une palette aromatique de notes épicées (muscade), ce vin se placera dans le prolongement de la crème, traditionnellement aromatisée à la vanille, mais aussi des arômes de caramel et de torréfaction toujours à l'aise avec le beurre généreusement présent dans le biscuit.

Jurançon, Pacherenc du Vic-Bilh (blancs moelleux).

Barsac, Bonnezeaux, Cadillac, Cérons, Coteaux de l'Aubance, Coteaux du Layon, Quarts-de-Chaume, Sainte-Croix-du-Mont, Sauternes, Vouvray (blancs liquoreux ou moelleux).

Gâteau de foies de volaille

Ce gâteau ressemble à un flan, souvent

accompagné d'une réduction à base de tomates et de porto qui relève parfaitement la rondeur des foies. On cherchera donc à mettre en valeur la texture tout en finesse du plat comme à prolonger l'apport aromatique de la sauce. Un bourgogne blanc possèdera l'acidité nécessaire pour supporter la présence des tomates et le gras adéquat pour mettre en valeur la finesse de la préparation. Les blancs de la vallée du Rhône conviendront également, dévoilant des notes souvent poivrées, voire épicées, qui donneront encore plus de relief au plat.

Condrieu, Côtes du Rhône, Crozes-Hermitage, Hermitage, Mâcon, Mercurey, Meursault, Saint-Joseph, Saint-Péray (blancs).

Château-Grillet, Coteaux du Languedoc, Palette (blancs).

Gélinotte

Voir bécasse

Gésiers confits

Voir confit de canard

Gigot d'agneau

Voir viandes rouges et blanches rôties

Gigot aux flageolets

Dans ce plat, le flageolet compte tout autant que la viande dans la réussite de l'accord. Le légumineux à la chair bien présente en bouche a tendance à assécher rapidement le palais. Le vin doit donc être assez tannique pour exister tout en possédant assez de fluidité pour procurer une certaine gourmandise. Les vins du Sud-Ouest feront du haricot leur meilleur allié. Les bordeaux, et de préférence les médocs ou les graves, apporteront dans leur jeunesse un peu plus de finesse dans les tanins mais aussi de belles saveurs de cèdre, de cuir, de tabac, voire de notes fumées qui assureront une réelle longueur en bouche.

Buzet, Cahors, Côtes du Frontonnais, Côtes de Saint-Mont, Gaillac, Graves, Madiran, Médoc (rouges).

Bourgueil, Chinon (rouges).

Malbec d'Argentine ; Somontano ou Toro d'Espagne ; tannat d'Uruguay.

Gigot de sept heures

La longue cuisson nécessaire au plat inciterait certes à privilégier des vins évolués, mais il est préférable de jouer les contrastes et de choisir un vin jeune dont les arômes encore primaires souligneront, par opposition, toute la complexité du plat. En outre, le vin aura gardé toute sa fraîcheur, ce qui sera bien nécessaire pour faire face à la présence de l'ail ou même des anchois ajoutés dans certaines recettes. Un minervois, un saint-chinian et en fait tous les vins rouges du Languedoc apporteront des notes souvent épicées, voire mentholées qui sentent bon la garrigue, évoquant parfois aussi le cuir ou le tabac, et en fait toute une palette aromatique qui fera écho à l'exubérance du plat. Il est aussi possible d'essayer des bordeaux encore jeunes dont les tanins donneront un peu d'aspérité et de relief à une viande comme confite.

Bordeaux Côtes de Francs, Corbières, Côtes de Castillon, Faugères, Minervois, Saint-Chinian, Saint-Émilion (rouges).

Côtes du Rhône-Villages, Crozes-Hermitage, Gigondas, Saint-Joseph, Vacqueyras (rouges).

Barbera ou Primitivo di manduria d'Italie ; Priorato d'Espagne ; Douro du Portugal.

Gouda

Voir mimolette ancienne

Gougères

Ces petits choux garnis de fromage aiment le chardonnay qui d'ailleurs le leur rend bien. Tous les blancs de bourgogne trouvent ici grâce : le gras du vin joue avec le moelleux du chou comme les notes de beurre et d'amandes propres au cépage prolongent celles de la pâte ou du fromage. On pourra aussi envisager un champagne issu du chardonnay, les fines bulles dynamisant avec beaucoup d'élégance la généreuse rondeur des gougères.

Auxey-Duresses, Bourgogne Hautes-Côtes de Beaune, Bourgogne Hautes-Côtes de Nuits, Chablis, Charlemagne, Corton-Charlemagne, Ladoix, Mâcon, Mercurey, Meursault, Montagny, Montrachet, Pernand-Vergelesses, Pouilly-Fuissé, Puligny-Montrachet, Rully, Saint-Aubin, Saint-Véran (blancs).

Champagne issu du chardonnay (blanc).

Gras-double à la lyonnaise

Voir tablier de sapeur

Gratin dauphinois

Dans ce plat familial, la crème ou le lait apportent à la fois rondeur et acidité.

Les vins blancs s'imposent à condition d'offrir assez de nervosité et de fraîcheur pour affronter l'acidité et le côté rapidement asséchant de la pomme de terre, mais aussi suffisamment d'arômes pour jouer avec la rondeur et la chaleur du gratin. Les vins d'appellations septentrionales restent les mieux adaptés : bourgognes blancs, beaujolais blanc, vins de Savoie, d'Alsace, voire certains chardonnays du Jura ou sauvignons du vignoble centre Loire.

Alsace edelzwicker, Alsace sylvaner, Arbois, Beaujolais blanc, Bourgogne Hautes-Côtes de Beaune, Bourgogne Hautes-Côtes de Nuits, Chablis, Côtes du Jura, Mâcon, Roussette de Savoie, Sancerre, Vins de Savoie (Abymes, Apremont, Chignin-Bergeron) (blancs).

Anjou, Montlouis, Savennières, Saumur, Vouvray (blancs).

Gratin d'écrevisses

Voir sauce à l'américaine

Gratin savoyard

Voir gratin dauphinois

Grives

Voir bécasse

Grouse

Voir bécasse

Gruyère

Voir cantal

Hachis Parmentier

Ce plat roboratif a souvent besoin d'être accompagné d'une salade verte pour le rendre un peu plus digeste. Le vin doit également faciliter et agrémenter la dégustation... sinon la digestion. Il importe donc de choisir des vins gouleyants, fluides et joliment fruités. Les vins rouges s'imposent pour accompagner la viande, en privilégiant les appellations septentrionales pour leur acidité comme leur grande fraîcheur en bouche, et en évitant les vins trop tanniques dont l'aspérité lutterait avec la texture un peu étouffante de la purée de pommes de terre.

Alsace pinot noir, Beaujolais, Bourgogne Épineuil, Bourgogne Hautes-Côtes de Beaune, Bourgogne Hautes-Côtes de Nuits, Cheverny, Coteaux du Lyonnais, Côtes d'Auxerre, Irancy, Reuilly, Sancerre, Touraine gamay (rouges).

Arbois, Arbois-Pupillin, Côtes d'Auvergne (Boudes, Chanturgue, Chateaugay, Corent, Madargues), Côtes du Jura, Gaillac, Marcillac (rouges).

Haddock

Voir anguille fumée

Hamburger

Le pain rond dans lequel loge le steak invite d'emblée à consommer un vin souple. La viande et la sauce permettent un choix entre un rouge ou un rosé à condition qu'ils développent des notes chaleureuses, épicées et fruitées pour répondre au sucre et aux aromates contenus dans le plat. Les vins de la vallée du Rhône conviennent parfaitement à condition de choisir des rouges assez légers ou des rosés relativement structurés.

Côtes du Rhône, Côtes du Rhône-Villages, Crozes-Hermitage (rouges) ; Lirac, Tavel (rosés).

Côtes de Provence (rouge ou rosé).

Bonarda d'Argentine ; grenache d'Australie, de Californie ou d'Espagne.

Hareng

Le hareng, comme le maquereau, possède en fonction de la saison une chair plus ou moins grasse. Dans les deux cas, il oblige à choisir des vins susceptibles de dynamiser un palais vite alourdi ou asséché. On choisira donc de l'accompagner de vins à la fois souples et dotés d'une certaine acidité, issus de terroirs plutôt septentrionaux, sans pour autant aller chercher des appellations réputées pour leur finesse ou leur élégance. Ces blancs joueront avec simplicité de leur fruité, de leur fraîcheur comme de leur tonicité pour accompagner ce plat.

Alsace sylvaner, Bordeaux, Côtes de Blaye, Entre-Deux-Mers, Pouilly Fumé, Quincy, Sancerre, Saumur (blancs).

Hareng fumé

Voir anguille fumée

Hareng pommes à l'huile

La présence d'huile et d'oignons blancs coupés à cru impose d'emblée un vin doté d'une certaine acidité et d'une tonicité capable de tenir tête au gras comme aux aromates. Certains blancs acides de la vallée de la Loire, d'Alsace ou de Bourgogne possèdent à la fois fraîcheur, vivacité et parfois même un côté perlé qui donnera une certaine grâce à l'accord. Mais attention au goût métallique qui peut rapidement surgir.

Alsace edelzwicker, Bourgogne Aligoté, Gros Plant du Pays Nantais, Muscadet (blancs).

Champagne brut ; Anjou, Touraine (rouges).

Haricot de mouton

Voir navarin

Hochepot

Voir pot-au-feu

Hollande [vieux]

Voir mimolette ancienne

Homard

En le cuisinant tout simplement à la nage ou grillé, le homard, comme la langouste, laisse découvrir la richesse de sa chair comme sa belle complexité aromatique. Pas d'hésitation, le plat appelle des vins blancs puissants pouvant offrir à la fois équilibre et raffinement, élégance et longueur en bouche. Un bourgogne blanc issu d'une appellation réputée, un châteauneuf-du-pape ou un hermitage possèdent une texture souvent dense et assez de gras ou de mâche pour apprécier la chair du crustacé. Avec quelques années de vieillissement, les notes un peu évoluées s'épanouiront et sublimeront le plat, notamment si le corail est gardé et servi avec. Un pessac-léognan, un savennières, un riesling ou même un gewurztraminer joueront également de leur distinction et de leur grand potentiel pour offrir une exceptionnelle longueur en bouche. On pourra également essayer un vin jaune du Jura dont les notes oxydées procureront beaucoup de panache et d'originalité à cette préparation pourtant toute simple.

Chablis Grand Cru, Chassagne-Montrachet, Châteauneuf-du-Pape, Hermitage, Mâcon, Meursault, Puligny-Montrachet (blancs).

Arbois, Arbois-Pupillin, Château-Chalon, Côtes du Jura, L'Étoile (vins jaunes) ; Champagne millésimé.

Rias Baixas ou Rueda d'Espagne.

Homard à l'américaine

Voir sauce à l'américaine

Hot-dog

Le pain brioché comme la moutarde confèrent au sandwich une note sucrée qui alourdit rapidement le palais. Le gras de la saucisse de Francfort a également tendance à endormir les papilles et la mission du vin consiste essentiellement à dynamiser la bouche comme à désaltérer. Un vin blanc à l'acidité marquée et aux notes légèrement épicées comme un alsace edelzwicker ou un sylvaner trouveront leurs marques. Pour les adeptes des rouges, un beaujolais ou un simple touraine gamay servis frais joueront de leurs notes fruitées pour rendre agréable le semblant d'accord.

Alsace edelzwicker, Alsace sylvaner (blancs) ; Beaujolais, Touraine gamay (rouges).

La bière fonctionne beaucoup mieux que le vin !

Huîtres

Voir plateau de fruits de mer

Hure de sanglier

Voir terrine de gibier

Jambon persillé

Voir charcuteries

Jambon sauce madère

Voir sauce madère

Jarret de porc aux lentilles

Voir petit salé aux lentilles

Jarret de veau

Voir viandes rouges et blanches braisées

Jarret de veau braisé au cidre

Voir viandes rouges et blanches braisées

Jarret de veau aux lentilles

Voir petit salé aux lentilles

Julienne

Voir bar

Kouign aman

Ce gâteau breton, riche en beurre, possède une surface délicieusement caramélisée qui lui donne une certaine finesse, voire de l'élégance. Pour faire face au gras du gâteau, le vin doit posséder une réelle acidité évitant ainsi tout excès de lourdeur au palais. Un moelleux ou liquoreux du Sud-Ouest comme le jurançon, notamment récolté en vendanges tardives, développera d'heureux arômes de miel et des notes torréfiées qui s'harmoniseront avec le côté beurré du gâteau. Ce vin possède également une texture de velours et la mâche nécessaire pour contrebalancer et mettre en valeur le croustillant du gâteau. Les moelleux ou liquoreux d'Anjou s'accorderont tout aussi bien, alliant de la même façon acidité et texture soyeuse.

Bonnezeaux, Coteaux de l'Aubance, Coteaux du Layon, Jurançon, Quarts-de-Chaume (blancs liquoreux ou moelleux).

Champagne demi-sec.

Lamproie à la bordelaise

Voir sauce à la bordelaise

Langue de bœuf sauce piquante

Voir sauce gribiche

Langue de bœuf sauce ravigote

Voir sauce gribiche

Langouste

Voir homard

Langoustines

Voir plateau de fruits de mer

Langres

Voir époisses

Lapereau rôti

Voir viandes rouges et blanches rôties

Lapin à la bière

Dans cette préparation, la bière hydrate la viande durant toute la cuisson et confère au plat une légère amertume, qui n'altère en rien le choix du vin. La texture serrée du lapin, malgré l'ajout de bière, impose le choix d'un vin fluide et gouleyant. En rouge, le cépage gamay peu tannique et peu astringent, sera parfait, apportant un agréable fruité et beaucoup de souplesse. En blanc, le choix reste plus ouvert, en privilégiant cependant des vins possédant assez d'acidité, de fraîcheur et d'arômes développés.

Entre-Deux-Mers, Pouilly Fumé (blancs) ; Touraine gamay (rouge) ; Beaujolais, Bourgogne Épineuil, Bourgogne Hautes-Côtes de Beaune, Bourgogne Hautes-Côtes de Nuits, Coteaux du Lyonnais, Côtes d'Auxerre, Côtes de Blaye, Irancy, Mâcon, Menetou-Salon, Quincy, Reuilly, Sancerre (blancs ou rouges).

Alsace pinot noir (rouge).

Lapin chasseur

Voir viandes rouges et blanches braisées

Lapin au cidre

Voir lapin à la bière

Lapin de garenne en cocotte

Voir viandes rouges et blanches braisées

Lapin en gibelotte

Voir viandes rouges et blanches braisées

Lapin à la moutarde

Comme pour toute préparation à base de lapin il importe de choisir des vins coulants et souples qui feront face à la viande facilement sèche. On choisira des rouges peu tanniques en évitant les vignobles du Bordelais et du Sud-Ouest. Ils devront également posséder assez d'acidité et même de vivacité pour soutenir la moutarde : les rouges de la Loire, voire les pinots noirs d'Alsace, offriront de jolies notes souvent poivrées ou épicées qui limiteront l'impact de la moutarde. Pourtant, la sauce souvent à base de crème appelle encore davantage les vins blancs. Le chardonnay possède l'acidité nécessaire et le gras pour apprécier la suavité de cette sauce par ailleurs bien utile pour donner un peu de fluidité au plat.

Bourgogne, Bouzeron, Chablis, Mâcon, Meursault, Montagny, Pouilly-Fuissé (blancs) ; Alsace pinot noir, Bourgueil, Chinon, Côtes du Jura, Saint-Nicolas-de-Bourgueil, Sancerre (rouges).

Anjou, Cheverny, Côtes du Jura, Savennières, Touraine (blancs).

Lapin aux pruneaux

Après cuisson, le pruneau donne à la sauce une incomparable texture veloutée comme de subtils arômes, auxquels viennent s'ajouter les lardons et un bouquet garni. Aussi, beaucoup de vins rouges de Provence, de Corse ou du Languedoc possèdent l'étoffe nécessaire pour s'associer à ce plat. À maturité, ces vins développent des notes franches de fruits rouges, mais aussi de cuir, de poivre, de réglisse ou de thym qui procureront une jolie finale en bouche, conférant à ce plat familial une élégance toute réjouissante. En outre, par leurs tanins souvent fins et ronds, ils s'associeront à l'onctuosité de la sauce pour affronter la chair toujours serrée du lapin. On pourra également choisir des appellations évoquant des notes étonnantes de pruneau confit telles Chinon ou Cahors.

Bandol, Cahors, Châteauneuf-du-Pape, Chinon, Corbières, Côtes du Rhône, Faugères, Fitou, Patrimonio, Saint-Chinian (rouges).

Cornas, Crozes-Hermitage, Saint-Joseph (rouges).

Assemblages de grenache, mourvèdre et syrah ; pinotage d'Afrique du Sud ; assemblage de cabernet-sauvignon et shiraz d'Australie.

Lapin sauté aux petits oignons

Voir viandes rouges et blanches braisées

Lasagnes à la bolognaise

Voir sauce bolognaise

Légumes farcis

Pour accompagner ce plat, le vin doit affronter deux obstacles : l'acidité propre aux légumes et la farce souvent assaisonnée à l'ail. Heureusement, les appellations du Sud, aussi bien en blanc qu'en rosé ou en rouge, possèdent assez peu d'acidité pour ne pas venir en ajouter au plat. Ces vins réussissent par leur exubérance aromatique à faire oublier la présence de l'ail. Servis frais, ils joueront de leurs notes poivrées et épicées pour s'associer aux petits farcis niçois comme aux plus traditionnelles tomates farcies.

Ajaccio, Bellet, Côtes de Provence, Côtes du Rhône (blancs, rouges ou rosés) ; Tavel (rosé).

Collioure, Côtes du Roussillon (rouges).

Penedès d'Espagne ; vins rouges de Sardaigne.

Levraut rôti

Voir viandes rouges et blanches rôties

Lieu

Voir bar

Lieu meunière

Voir sauce meunière

Lièvre en civet

Voir civet

Lièvre à la royale

Voir civet

Livarot

Voir époisses

Lotte

Voir bar

Lotte à l'américaine

Voir sauce à l'américaine

Loup

Voir bar

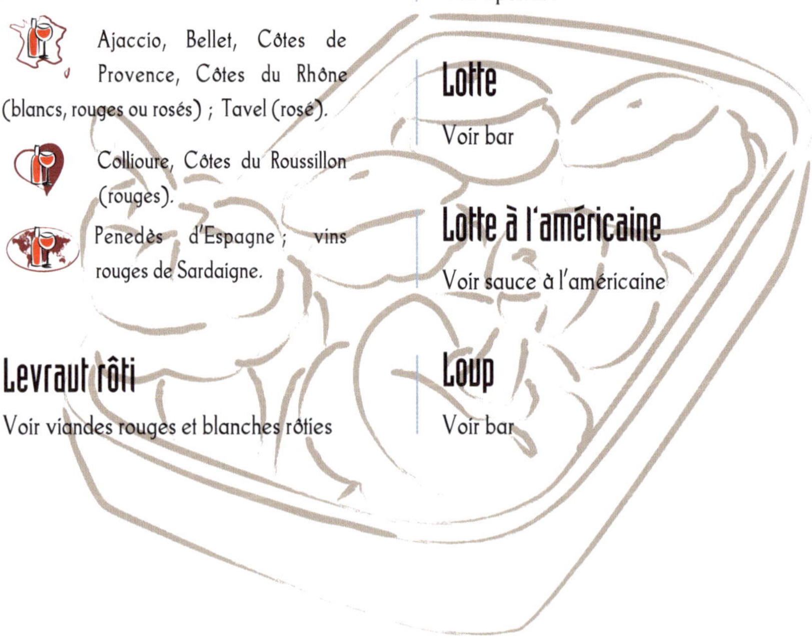

Magret de canard aux cerises

Voir canard aux cerises

Magret de canard grillé

Voir viandes rouges et blanches grillées

Magret de canard aux pêches

Voir canard aux pêches

Magret de canard sauce aux airelles

Voir sauce saint-hubert

Maquereau

Voir hareng

Marcassin rôti

Voir chevreuil

Maroilles

Voir époisses

Matelote d'anguilles

Le poisson cuit ici dans le vin, généralement rouge, mais parfois blanc. Pour faciliter l'harmonie, on choisira la même couleur entre le vin cuisiné et celui servi. Si le plat est à base de blanc, le vin choisi possèdera, outre l'acidité nécessaire pour affronter la sauce, une certaine exubérance aromatique, voire une certaine puissance pour faire face aux oignons et aux aromates. On peut également jouer les contrastes et contrebalancer l'amertume inhérente au plat par les notes sucrées d'un demi-sec ou d'un moelleux : vouvray, montlouis, savennières, gewurztraminer, etc. Enfin, si la recette est élaborée à partir d'un rouge, le vin devra être peu tannique pour ne pas ajouter un supplément d'astringence, avec de la vivacité et des arômes joliment fruités. Les appellations septentrionales sont ici à privilégier, notamment celles propres au vignoble de la Loire et du Centre.

Alsace gewurztraminer, Bourgogne, Chablis, Côtes d'Auxerre, Côtes du Rhône, Crozes-Hermitage, Mâcon, Montlouis, Pouilly-Fuissé, Saint-Péray, Savennières, Vouvray (blancs); Anjou, Bourgueil, Chinon, Saint-Nicolas-de-Bourgueil, Sancerre, Saumur-Champigny (rouges).

Alsace riesling, Jasnières, Savennières (blancs) ; Alsace pinot noir (rouge) .

Matelote de lottes

Voir matelote d'anguilles

Méchoui

Voir viandes rouges et blanches grillées

Melon

Servi seul et frais, le melon invite un muscat qui jouera de sa texture soyeuse et surtout de ses arômes de raisin frais pour transformer l'accord en une véritable corbeille de fruits. En ajoutant quelques fines tranches de jambon, il est possible de choisir un rosé structuré aux notes poivrées ou épicées, le vin faisant alors le lien entre la charcuterie et le fruit. Les rosés de la vallée du Rhône ou de tout le pourtour méditerranéen seront parfaits quand les rosés de Loire seraient au contraire trop sucrés et bien peu appropriés.

Muscat de Beaumes-de-Venise, Muscat du Cap Corse (blancs liquoreux) ; Muscat de Frontignan, Muscat de Lunel, Muscat de Mireval, Muscat de Rivesaltes, Muscat de Saint-Jean-de-Minervois (blancs doux) ; Bellet, Costières de Nîmes, Côtes de Provence, Côtes du Rhône, Tavel (rosés).

Buzet, Côtes de Saint-Mont, Tursan (rosés).

Merle

Voir bécasse

Merlu

Voir bar

Merlu basquaise

Voir sauce basquaise

Mérou

Voir bar

Millefeuille à la vanille

Le millefeuille vaut d'abord par sa pâte feuilletée, aérienne et craquante, voire même croquante si la couche supérieure est caramélisée. Aussi, le vin doit posséder une texture riche et une réelle « étoffe » pour pérenniser l'accord. Un banyuls s'adaptera parfaitement, offrant une mâche à la fois suave et dense, mais également des arômes chaleureux de torréfaction ou de fruits cuits qui prolongeront avec bonheur ceux de la vanille. Un maury, tout aussi capiteux, développera des notes plus cacaotées qui resteront en parfaite harmonie avec la vanille.

Banyuls (blanc, ambré ou rouge doux) ; Maury (rouge doux).

Porto Tawny du Portugal.

Mimolette ancienne

Peut-être est-ce dû à sa jolie couleur orangée, mais la mimolette reste l'un des seuls fromages à apprécier la compagnie des vins rouges. Et quels vins rouges ! Les bordeaux, et notamment les médocs, possèdent des tanins à la fois assez développés et suffisamment fins pour faire écho à la texture serrée et souvent friable du fromage. Ayant perdu une grande part de son acidité et développant un goût de noisette si caractéristique en vieillissant, le fromage est rapidement enveloppé par des notes rondes et flatteuses de cèdre, de cuir ou de tabac, propres aux appellations médocaines.

Margaux, Médoc, Moulis-en-Médoc, Pauillac, Saint-Estèphe, Saint-Julien (rouges).

Graves, Pessac-Léognan (rouges).

Moka au café

La crème au beurre, surtout lorsqu'elle est parfumée comme ici au café, appelle d'emblée un banyuls, un maury, voire même un rasteau, qui, après de longues macérations, évoluent vers des notes torréfiées ou cacaotées. La texture facilement capiteuse des vins complète harmonieusement l'accord en prolongeant la suavité toute aérienne de la génoise.

Banyuls, Rasteau (blancs, ambrés ou rouges liquoreux) ; Maury (rouge doux).

Porto LBV du Portugal.

Morbier

Voir cantal

Morue

Voir cabillaud

Moules au curry

Voir sauce au curry

Moules farcies

Voir palourdes farcies

Moules marinières

Les moules ainsi préparées s'honorent d'un jus délicieusement crémé et relevé par la présence d'échalotes. Si un vin blanc acide s'impose pour faire face à la sauce et à l'iode du coquillage, il devra cependant posséder un peu de rondeur pour mettre en valeur le côté charnu du mollusque. Un muscadet ou un gros plant, pourquoi pas élevés en fûts de chêne et offrant quelques années de vieillissement, procureront beaucoup de plaisir, tout comme un entre-deux-mers ou un premières côtes-de-blaye.

Entre-Deux-Mers, Gros Plant du Pays Nantais, Muscadet, Premières Côtes de Blaye (blancs).

Pouilly Fumé, Sancerre (blancs).

Pinot grigio d'Italie ; sauvignon blanc d'Australie ou de Nouvelle-Zélande.

Moussaka

Voir légumes farcis

Mousse au chocolat

Le chocolat s'allie parfaitement avec un banyuls : qu'il soit rimage, porté sur les fruits rouges, ou au contraire élevé sous bois jusqu'à développer des notes comme torréfiées. Ce vin procure en effet beaucoup de gourmandise au dessert, tant par sa texture facilement capiteuse que par sa surprenante fraîcheur qui assure une agréable longueur en bouche. D'autres accords restent cependant possibles avec un maury, un rasteau, ou un macvin du Jura à condition d'avoir alors une mousse peu sucrée.

Banyuls, Macvin, Maury, Rasteau (blancs, ambrés ou rouges liquoreux).

Porto Tawny, Porto Vintage du Portugal ; Whisky pur malt.

Munster

Ce fromage puissant et corsé signe l'un des plus beaux accords avec le gewurztraminer. Le vin toujours structuré, voire charpenté, développe des notes florales et fruitées qui complètent celles tout aussi florales du fromage. Cet échange donne aussi l'occasion au gewurztraminer d'exprimer tout son potentiel aromatique et de faire valoir des notes épicées qui procurent une incroyable longueur en bouche. En finale, un bel équilibre se crée tout en rondeur, car à la suavité de la pâte molle du fromage fait écho la souplesse et l'onctuosité du vin, surtout si l'on choisit une vendange tardive. Pour parfaire la dégustation, on peut ajouter au fromage un peu de carvi ou de cumin aux notes délicieusement anisées.

Alsace gewurztraminer, Alsace pinot gris, Alsace riesling (blancs).

Alsace gewurztraminer, Alsace riesling (Sélection de Grains Nobles ou Vendanges Tardives) (blancs moelleux).

Navarin

Ce plat dévoile toute sa saveur lorsqu'il est accompagné de légumes printaniers, notamment de navets. L'agneau, comme le mouton, appelle un vin rouge issu d'un vignoble de préférence septentrional permettant de gagner en acidité et d'affronter le côté acide des légumes. Les bourgognes offrent à la fois finesse et fraîcheur, avec des arômes bien présents de fruits pour donner toute sa cohérence au plat. Leur texture veloutée s'associe parfaitement au moelleux d'une viande, vite compotée après la cuisson. Les vins de Loire, sur un millésime réussi et ancien, développent des notes souvent animales qui donneront de la complexité au navarin. Enfin, les médocs, dotés de tanins bien présents pourront également gommer le gras du plat pour rebondir sur les notes vite rondes et sucrées des carottes ou des oignons.

Beaune, Chinon, Mercurey, Saumur-Champigny, Volnay (rouges).

Haut-Médoc, Médoc, Pauillac, Saint-Julien (rouges).

Cabernet-sauvignon d'Australie ; pinot noir des États-Unis.

Nems

Ces galettes de riz farcies de légumes, de viande ou parfois de crabe s'accompagnent traditionnellement d'une sauce aigre-doux bien relevée. Il faut de l'acidité pour relever l'ensemble et affronter la texture un peu molle des nems, mais surtout des notes épicées ou poivrées pour faire face à la sauce. Les vins blancs d'Alsace, en préférant ceux issus du gewurztraminer ou du riesling, créeront une dynamique qui permettra tant au plat qu'au vin d'exister.

Alsace gewurztraminer, Alsace riesling (blancs).

Côtes de Toul, Côtes du Jura (blancs).

Noisettes de chevreuil saint-hubert

Voir sauce saint-hubert

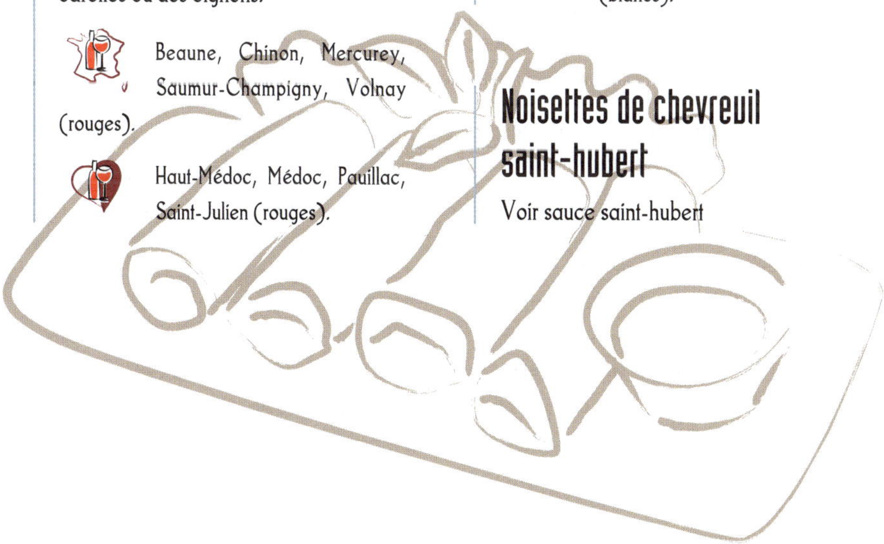

Œufs brouillés

Les œufs brouillés comme l'omelette constituent un formidable support aromatique : aux truffes, aux lardons, aux fines herbes, aux poissons fumés, les possibilités sont nombreuses et l'accord se construit à chaque fois en fonction des ingrédients ajoutés. Dans sa version la plus simple, les solutions sont hélas moins heureuses, le vin donnant alors l'impression de glisser sur l'œuf coagulé et développant des notes presque métalliques ! Aussi est-il préférable de se limiter à des vins de soif, à la fois souples et agréablement aromatiques.

Anjou gamay, Côtes d'Auvergne, Saint-Pourçain, Touraine, Valençay (rouges) ; Beaujolais, Côtes du Rhône (blancs ou rouges).

Œufs en gelée

Le vin s'accorde difficilement avec les œufs. On s'appuiera donc ici sur la gelée qui les accompagne. La texture gélatineuse de cette préparation oblige à privilégier une appellation réputée pour sa délicatesse et pour sa souplesse. Il importe aussi d'apporter une certaine acidité apte à affronter celle des aromates ou des légumes, nécessaires à la confection du bouillon qui parfumera la gelée. Un vin blanc de Bourgogne trouvera ici ses repères, offrant un précieux équilibre entre acidité et gras. Sans aller chercher de prestigieuses appellations, un chablis ou un cru issu de certains villages de la côte de Beaune, de la côte chalonnaise ou du Mâconnais sont à privilégier. Autre possibilité, une roussette de Savoie qui possède également rondeur, souplesse et acidité.

Chablis, Mâcon, Mercurey, Pouilly-Fuissé, Rully, Saint-Aubin, Saint-Véran (blancs).

Roussette de Savoie, Roussette du Bugey, Seyssel (blancs).

Œufs en meurette

La sauce à base de réduction de vin rouge agrémentée d'oignons, de lardons et de champignons de Paris appelle un vin, certes rouge, mais possédant acidité et fraîcheur. Un vin peu tannique tel un beaujolais ne redoutera ni le jaune de l'œuf, ni le gras de la sauce, et ses arômes, toujours exubérants de fruits rouges, procureront une certaine gaieté et de la gourmandise. Ce plat bourguignon se plaira également avec des bourgognes rouges en privilégiant des appellations simples.

Beaujolais, Brouilly, Chénas, Chiroubles, Fleurie, Juliénas, Morgon, Moulin-à-Vent, Régnié, Saint-Amour (rouges).

Bourgogne Épineuil, Bourgogne Grand Ordinaire, Bourgogne Hautes-Côtes de Beaune, Bourgogne Hautes-Côtes de Nuits, Bourgogne Passe-Tout-Grains, Irancy (rouges).

Oie farcie aux marrons

Voir dinde aux marrons

Oie rôtie

Voir volaille rôtie

Omble chevalier

Voir brochet

Omelette

Voir œufs brouillés

Onglet à l'échalote

Voir viandes rouges et blanches rôties

Ossau-iraty

Voir chèvre (fromage de)

Osso buco

Dans ce plat de tradition italienne, la longue cuisson à l'étouffée rappelle les classiques bœufs bourguignons et autres plats mijotés du terroir. Toutefois, l'ajout de zestes d'orange et d'aromates (laurier ou romarin) autorise des accords bien précis avec certains vins du Sud, puissants et complexes. Ainsi, un bandol arrivé à maturité dévoilant des notes chaleureuses d'agrumes s'épanouira avec le plat. Un châteauneuf-du-pape conviendra tout aussi bien, exaltant de la même façon les arômes épicés du plat, et jouant de sa densité comme de sa jolie texture pour valoriser la sauce. Les vins du Languedoc seront aussi à l'honneur, notamment après quelques années de vieillissement. Leurs notes giboyeuses et presque fauves s'associeront au fruité du plat pour procurer une touche presque exotique.

Bandol, Châteauneuf-du-Pape, Costières de Nîmes, Coteaux du Languedoc, Corbières, Faugères, Fitou, Saint-Chinian (rouges).

Patrimonio (rouge).

Barbera, Chianti ou Dolcetto d'Italie.

Oursins

Voir plateau de fruits de mer

Paella

Ce plat allie le poulet, le lapin, le chorizo, les petits pois et les calamars aux coquillages. On sera donc tentés de choisir un vin consensuel comme un rosé typé du pourtour méditerranéen. La paella permet cependant de jolis accords avec les rouges du Languedoc ou du Roussillon. Ils possèdent en effet le fruité nécessaire pour affronter le riz qui aurait vite tendance à assécher le palais, mais offrent aussi assez de matière pour enrober la chair toujours serrée de la viande. En outre, ils possèdent suffisamment de puissance, de chaleur et même de structure pour répondre aux assauts du safran et du poivre de Cayenne. Si la préparation est bien pourvue en coquillages, les mêmes appellations en blanc seront assez expressives et exubérantes pour conserver la cohérence et la gourmandise du plat.

Collioure, Corbières, Costières de Nîmes, Coteaux du Languedoc, Côtes du Roussillon, Faugères, Fitou, Minervois, Saint-Chinian (rouges) ; Corbières, Coteaux du Languedoc, Côtes du Roussillon, Minervois (blancs).

Cabardès, Corbières, Costières de Nîmes, Coteaux du Languedoc, Côtes de Provence, Côtes du Rhône, Côtes du Roussillon, Faugères, Minervois, Saint-Chinian (rosés).

Pageot

Voir bar

Pain d'épices

La cannelle, le clou de girofle, les grains d'anis ou encore les zestes de citron ou d'orange entrent dans la composition de ce dessert. Toutes ces épices obligent à privilégier un vin fortement aromatique. Un gewurztraminer d'Alsace possède un bouquet bien marqué par les épices et, après quelques années de vieillissement, le sucre résiduel inhérent à cette appellation s'effacera pour mettre en valeur le miel de la recette. Les vendanges tardives ou sélections de grains nobles sublimeront l'accord, jouant de leur suavité et de leur ampleur pour compenser le côté rapidement sec et asséchant du pain d'épices. Il est également possible de choisir un vin de paille propre au vignoble jurassien, à la texture et au bouquet tout aussi prometteurs.

Alsace gewurztraminer, Alsace muscat, Alsace gewurztraminer ou riesling Vendanges Tardives ou Sélection de Grains Nobles (blancs).

Arbois-Pupillin, Côtes du Jura, L'Étoile (vins de paille).

Palombe

Voir bécasse

Palourdes farcies

Dans bien des cas, la farce à base d'herbes et d'ail de la recette masque la finesse du coquillage. Le vin ne fera donc qu'accompagner cette préparation. On le choisira assez tonique et exubérant pour affronter les notes aillées et beurrées de la farce. Les blancs de Loire ou du Bordelais procureront assez de fraîcheur et d'agréables notes florales ou citronnées pour dynamiser le plat. Avec un peu de chance, ils feront ressortir les jolies saveurs iodées du coquillage.

Blaye, Côtes de Blaye, Entre-Deux-Mers, Gros Plant du Pays Nantais, Muscadet, Premières Côtes de Blaye (blancs).

Menetou-Salon, Sancerre, Touraine (blancs).

Paris-Brest

Voir moka au café

Pastilla aux pigeons

Cette tourte feuilletée vaut autant pour la finesse et le croustillant de sa pâte saupoudrée de sucre et de cannelle que pour la richesse et la rondeur de sa farce. Ce plat complexe mérite des vins à la personnalité marquée capables d'affronter l'accord sucré-salé. Les vins rouges, dotés de tanins fondus, trouveront leur place. Un patrimonio qui, en vieillissant, développe des notes épicées voire même animales, un bandol, un châteauneuf-du-pape, ou pourquoi pas un bordeaux, joueront à maturité de leur chaleur et de leur souplesse pour mettre en valeur la viande et le plat. Pourtant, il semble plus aisé de réussir l'accord en osant un vin moelleux. Les anjous, qu'ils soient moelleux ou liquoreux s'appuieront sur le sucre du plat pour réveiller ses notes épicées. Un gewurztraminer d'Alsace, voire un riesling Vendanges Tardives ou Sélection de Grains Nobles, conviendront également grâce à leur bouquet épicé prolongeant celui du plat, et à leur texture suave contrastant élégamment avec le croustillant de la pâte.

Bandol, Châteauneuf-du-Pape, Patrimonio, Pomerol (rouges) ; Alsace gewurztraminer ou riesling Vendanges Tardives ou Sélection de Grains Nobles, Bonnezeaux, Coteaux de l'Aubance, Coteaux du Layon, Quarts-de-Chaume (blancs).

Porto du Portugal.

Pâté d'alouette

Voir terrine de gibier

Pâté aux foies de volaille

Voir terrine de volaille

Pâté de pommes de terre

Ce plat à base de pâte feuilletée ou brisée et de pommes de terre est vite rassasiant et appelle un vin souple et coulant, ne serait-ce que pour faciliter la digestion ! L'ajout de crème fraîche à la préparation nécessite le choix d'un vin blanc ou même rouge possédant une certaine acidité. En rouge, on privilégiera le pinot noir dans des appellations à faible concentration, ou le gamay peu tannique et agréablement fruité, propre aux beaujolais comme à certains vins du Val de Loire.

Beaujolais, Bourgogne Aligoté, Chablis, Cour-Cheverny, Rully, Saint-Bris, Saint-Véran (blancs) ; Anjou Gamay, Beaujolais, Bourgogne, Bourgogne Épineuil, Bourgogne Hautes-Côtes de Beaune, Bourgogne Hautes-Côtes de Nuits, Coteaux du Vendômois, Côtes d'Auvergne, Irancy, Saint-Pourçain, Touraine gamay, Valençay (rouges).

Vins de Savoie (Abymes, Apremont, Chignin-Bergeron) (blancs).

Paupiette de veau

Voir viandes rouges et blanches braisées

Pavé sauce béarnaise

Voir sauce béarnaise

Pavé sauce au roquefort

Voir roquefort

Perche

Voir brochet

Perdrix ou perdreaux rôtis

Voir bécasse

Petit salé aux lentilles

Pour construire l'accord, on peut choisir de privilégier soit les lentilles, soit la viande. Comme avec tous les légumineux (fèves, haricots, pois), les vins rouges tanniques sont particulièrement recommandés. Un madiran ou un bordeaux jeune offrent en bouche assez de texture pour donner du relief aux grains délicats de la lentille. On peut également mettre en avant l'onctuosité de la viande presque confite et préférer alors un vin blanc assez acide pour affronter le gras. Doté d'une jolie fraîcheur aromatique, il procurera un peu de longueur en bouche. On favorisera les blancs d'Alsace qui sont toujours à l'aise avec la viande de porc, en évitant cependant un gewurztraminer ou un riesling qui dévoilent une palette aromatique trop complexe. On pourra également préférer un rouge issu du cépage gamay qui possèdera assez de fruité et d'acidité pour contenir les exigences de la viande et des lentilles.

Alsace edelzwicker, Alsace pinot gris, Alsace sylvaner (blancs) ; Anjou Gamay, Beaujolais, Bordeaux, Bordeaux Supérieur, Coteaux du Vendômois, Côtes d'Auvergne, Madiran, Médoc, Saint-Pourçain, Touraine gamay, Valençay (rouges).

Alsace pinot noir (rouge ou rosé).

Petits farcis

Voir légumes farcis

Pied de porc

Le côté gélatineux du plat oblige à choisir un vin à la fois souple et tendre, mais empreint également d'une certaine vivacité pour dynamiser un peu l'accord. Les vins trop tanniques sont donc à proscrire et l'on préfèrera les rouges de Loire ou les beaujolais dont le fruité rendra la gelée gourmande.

Beaujolais, Bourgueil, Brouilly, Chénas, Chinon, Chiroubles, Fleurie, Juliénas, Morgon, Moulin-à-Vent, Régnié, Saint-Amour, Saint-Nicolas-de-Bourgueil, Saumur-Champigny (rouges).

Côtes de Millau, Côtes du Frontonnais, Gaillac, Vins de Lavilledieu (rouges).

Pieds paquets à la provençale

Voir sauce à la provençale

Pigeon braisé aux petits pois

Voir canard aux petits pois

Pigeon rôti

Voir viandes rouges et blanches rôties

Pintade aux cerises

Voir canard aux cerises

Pintade aux choux

Ce plat familial autorise de jolis accords gourmands. L'acidité du chou invite d'emblée un vin blanc qui saura gommer le gras de la volaille. On le choisira de préférence généreux et aromatique pour mettre en valeur la rondeur de la recette.

Les vins d'Alsace conviennent alors parfaitement, offrant leur vivacité pour réveiller la texture serrée de la volaille, et surtout leur bouquet épicé pour apporter une touche presque exotique au plat. Pourtant, les rouges peuvent tout aussi bien trouver leur place, notamment certaines appellations bourguignonnes de la côte de Beaune qui possèdent assez d'acidité et une souplesse élégante. En outre, ces rouges sont dotés d'une texture charnue proche de celle des volailles, comme d'un délicat fruité et d'une réelle fraîcheur qui offrent une très agréable longueur en bouche. Enfin, les grands crus des Graves, du Médoc, de Pomerol ou de Saint-Émilion seront également à l'honneur avec cette pintade, si on évite cependant de les choisir trop jeunes et trop tanniques.

Alsace gewurztraminer, Alsace pinot gris, Alsace riesling (blancs) ; Beaune, Chorey-lès-Beaune, Corton, Côtes de Castillon, Margaux, Médoc, Pauillac, Pessac-Léognan, Pomerol, Saint-Émilion, Saint-Estèphe, Saint-Julien, Savigny-lès-Beaune, Volnay (rouges).

Bergerac, Cahors, Côtes de Bergerac, Madiran, Pécharmant (rouges).

Pintade aux navets

Voir canard aux navets

Pintade aux noix

Le goût de noix étant caractéristique du vin jaune, l'accord s'impose donc de lui-même. De plus, la crème présente dans la sauce n'est absolument pas un ennemi de ces vins du Jura qui, au contraire, jouent de leur pureté, de leur minéralité et même de leur sécheresse en bouche pour sublimer l'onctuosité et le velouté de la sauce. Pour ceux qui n'apprécient pas les vins blancs et a fortiori les vins jaunes, il est toujours possible de rester dans la région en choisissant un arbois ou un côtes-du-jura peu tannique et assez acide pour supporter la crème. Un pinot noir d'Alsace, présentant les mêmes caractéristiques, pourra également être envisagé.

Arbois, Arbois-Pupillin, Château-Chalon, Côtes du Jura, L'Étoile (vins jaunes) ; Alsace pinot noir, Arbois, Arbois-Pupillin, Côtes du Jura (rouges).

Bourgueil, Chinon, Saint-Nicolas-de-Bourgueil (rouges).

Pintade aux marrons

Voir dinde aux marrons

Pintade aux olives

Voir canard aux olives

Pintade à l'orange

Voir canard à l'orange

Pintade aux pêches

Voir canard aux pêches

Pintade aux pruneaux

Voir canard aux pruneaux

Pipérade

Il est difficile d'imaginer la pipérade - cette fondue de piments verts, de tomates et d'oignons -, sans la brouillade d'œufs ou le jambon poêlé qui l'accompagne habituellement. La présence de la tomate, alliant sucré et acidité, impose un rouge ou un rosé bien structuré. On pourra choisir un accord régional avec un irouléguy développant des arômes souvent épicés qui se marient bien avec le piment d'Espelette présent dans la sauce du plat et dans le jambon de Bayonne. On le choisira assez jeune, doté d'une certaine vivacité, pour ne pas souffrir de la présence des légumes. On pourra également opter pour un chinon rouge qui développe de subtiles notes de poivron proches de celles du piment vert, d'autant que ce vin ne redoute pas les plats associant gras et acidité.

Chinon (rouge) ; Béarn, Irouléguy (rouges ou rosés).

Côtes du Frontonnais (rouge ou rosé) ; Madiran (rouge).

Pissalardière

Voir pizza

Pithiviers

Ce feuilletage garni d'une crème aux amandes s'accorde bien avec les sauternes et tous les moelleux ou liquoreux du Sud-Ouest. Ces crus ne redoutent jamais le sucre bien présent dans le dessert et développent après de courtes années de vieillissement de jolies notes miellées qui complètent parfaitement celles de l'amande contenues dans la préparation. L'accord se construit autour d'une texture similaire : entre le gras du vin rapidement opulent et celui de la crème ou de la pâte, mais aussi entre la finesse et le grain du vin et celle du feuilletage.

Cérons, Jurançon, Loupiac, Monbazillac, Sainte-Croix-du-Mont, Sauternes (blancs liquoreux).

Bonnezeaux, Coteaux de l'Aubance, Coteaux du Layon, Montlouis, Quarts-de-Chaume, Vouvray (blancs demi-secs ou moelleux).

Pizza

Il existe autant de pizzas différentes que de garnitures, mais la plupart partagent une même présence d'aromates ou d'épices. Les rosés de la vallée du Rhône et de tout le pourtour méditerranéen s'adapteront parfaitement à des notes aussi chaleureuses et relevées. L'acidité de la tomate, souvent présente, ou le fruité des olives mettront à l'honneur un tavel qui mieux que tout autre saura prendre le dessus et donner une ligne directrice à l'accord.

Costières de Nîmes, Côtes de Provence, Côtes du Rhône, Côtes du Roussillon, Faugères, Minervois, Patrimonio, Tavel (rosés).

Irouléguy (rouge ou rosé).

Plateau de fruits de mer

Lorsque l'on évoque un plateau de fruits de mer, on doit aussi bien prendre en compte les fruits de mer et les coquillages, que les tartines de beurre ou de mayonnaise et le filet de citron ou de vinaigre qui les accompagnent. Le muscadet, par sa vivacité et ses notes légèrement florales ou iodées, se plaît avec les éléments encore crus ou le plus simplement préparés et ne craint nullement le gras du beurre ou de la mayonnaise. Le sauvignon, cépage propre notamment aux vins de l'Entre-Deux-Mers et aux bordeaux blancs, s'impose avec le même bonheur : ses notes aromatiques franches évoluant autour du citron s'associent bien aux plaisirs simples de la dégustation de fruits de mer. De la même façon, un sylvaner, ou même un simple edelzwicker, un pouilly-fumé ou un sancerre feront de l'accord un moment de réelle gourmandise. Avec des belons, une langouste ou un homard, il est cependant souhaitable de rechercher un peu plus de finesse et de sublimer la complexité et la rondeur des mollusques ou des chairs : un chablis, un meursault, un pessac-léognan, voire un vin jaune mériteront d'être servis. Les vins blancs du Sud, aux arômes beaucoup plus marqués et expressifs, seront quant à eux de préférence réservés à la dégustation des oursins.

Alsace edelzwicker, Bordeaux Supérieur, Chablis, Côtes de Blaye, Entre-Deux-Mers, Meursault, Muscadet, Pessac-Léognan, Pouilly Fumé, Sancerre (blancs) ; Arbois, Arbois-Pupillin, Château-Chalon, Côtes du Jura, L'Étoile (vins jaunes).

Champagne.

Pochouse

Voir matelote d'anguilles

Poisson cru mariné

Voir carpaccio

Poivrons farcis

Voir légumes farcis

Poivrons marinés

Voir crudités et salades

Polenta

Cette bouillie de farine de maïs accompagne généralement viandes ou poissons et ne détermine qu'indirectement le choix du vin. Toutefois, souvent cuisinée avec de la crème fraîche et du fromage râpé, la polenta se satisfait de vins blancs fruités, dotés d'un certain gras, mais conservant une texture suffisamment souple et acide pour corriger le côté asséchant de la préparation. Les vins blancs de la vallée du Rhône et, dans un registre différent, les blancs de Savoie signent souvent de jolis accords.

Côtes du Rhône, Crozes-Hermitage, Saint-Péray, Vins de Savoie (Abymes, Apremont, Chignin-Bergeron) (blancs).

Sancerre (blanc).

Pont-l'Évêque

Voir époisses

Porc à l'ananas

Dans cette recette, l'acidité propre à l'ananas corrige l'excès de gras de la viande. Le choix du vin ne doit en rien rompre cet équilibre, et un vin blanc moelleux ou même liquoreux ayant conservé une certaine acidité est à recommander. Les liquoreux du Sud-Ouest seront à privilégier, offrant en plus de jolies notes épicées des arômes de fruits exotiques parfaits pour accompagner l'ananas. Le choix ne se limite cependant pas à cette seule région, et les moelleux ou les liquoreux d'Anjou ou de Touraine comme les vendanges tardives ou les sélections de grains nobles d'Alsace sont envisageables en évitant de choisir des cuvées trop riches qui risqueraient d'alourdir l'accord.

Alsace riesling (Vendanges Tardives ou Sélection de Grains Nobles), Bonnezeaux, Coteaux de l'Aubance, Coteaux du Layon, Jurançon, Monbazillac, Montlouis, Pacherenc du Vic-Bilh, Quarts-de-Chaume, Sauternes, Vouvray (blancs doux, liquoreux ou moelleux).

Muscat du Cap Corse (blanc liquoreux).

Porc à la bière

Voir lapin à la bière

Porc au cidre

Voir lapin à la bière

Porc à la moutarde

Voir lapin à la moutarde

Porc aux pruneaux

Voir lapin aux pruneaux

Pot-au-feu

Les légumes qui sont le composant essentiel du plat imposent d'emblée un vin possédant une réelle acidité. Les appellations propres au cépage gamay ou pinot noir comme les vins nouveaux apporteront en supplément de franches notes fruitées qui se plairont avec ces mêmes légumes. Elles sauront aussi donner de la vivacité, bien utile pour contrebalancer le côté gélatineux de certains morceaux de viande (queue de bœuf) et pour accompagner le bouillon souvent servi en même temps.

Beaujolais, Bourgogne Épineuil, Bourgogne Hautes-Côtes de Beaune, Bourgogne Hautes-Côtes de Nuits, Côtes d'Auxerre, Irancy, Touraine (rouges).

Anjou-Villages, Bourgueil, Saint-Nicolas-de-Bourgueil, Saumur-Champigny (rouges).

Pot-au-feu de la mer

Voir bouillabaisse

Potée auvergnate

Voir potée aux choux

Potée béarnaise

Voir potée aux choux

Potée bourguignonne

Voir potée aux choux

Potée champenoise

Voir potée aux choux

Potée aux choux

Le chou, tout comme les viandes salées qui composent ce plat familial, invitent à privilégier un vin désaltérant, gouleyant voire coulant. Si la recette ne comporte pas de confit, les vins tanniques sont à proscrire au profit de vins à l'acidité marquée et portés sur le fruit. Les vins nouveaux, les appellations notamment issues des cépages gamay ou pinot noir s'accorderont parfaitement à ce plat, comme d'ailleurs à tous les plats un peu roboratifs.

Beaujolais, Bourgogne Épineuil, Bourgogne Hautes-Côtes de Beaune, Bourgogne Hautes-Côtes de Nuits, Côtes d'Auxerre, Irancy, Touraine (rouges).

Alsace edelzwicker, Alsace sylvaner (blancs).

Potée lorraine

Voir potée aux choux

Poularde à la crème

Voir poularde truffée

Poularde demi-deuil

Voir poularde truffée

Poularde sauce Albufera

Voir poularde truffée

Poularde truffée

Avec la poularde comme avec la truffe, les vins blancs fonctionnent tout aussi bien que les rouges. Quelle que soit la couleur choisie, on privilégiera des vins à maturité, offrant des arômes évolués proches de ceux de la truffe et, pour les rouges, des tanins fondus qui respecteront la douce et suave chair de la volaille. L'accord doit donc rechercher subtilité et élégance. En Bourgogne, on misera davantage sur la finesse que sur la concentration. Dans le Bordelais, on se portera autant sur les blancs que sur les rouges de Pessac-Léognan, sans oublier les grands crus du Médoc ou mieux encore de Saint-Émilion ou de Pomerol, développant parfois des notes animales ou giboyeuses qui s'adaptent parfaitement à la truffe. Dans cette énumération prestigieuse, on n'oubliera pas la vallée du Rhône en évitant cependant la partie méridionale aux vins trop puissants.

Meursault (blanc) ; Côte-Rôtie (rouge) ; Hermitage, Pessac-Léognan (blancs ou rouges) ; les grands crus du Médoc, Pomerol, Saint-Émilion, Volnay (rouges).

Un vieux champagne millésimé.

Poule au pot

Voir pot-au-feu

Poule farcie

Voir pot-au-feu

Poulet basquaise

Voir sauce basquaise

Poulet au citron

L'acidité propre au citron corrige agréablement le gras du poulet. En choisissant un vin blanc, cet heureux équilibre sera maintenu. Le cépage sauvignon qui entre notamment dans la composition des grands vins blancs du Bordelais ou des sancerres développe d'agréables notes d'agrumes et de citron qui s'associeront à merveille avec celles du plat. Plus risqués, les bordeaux moelleux pourront trouver leur place s'ils sont choisis encore jeunes et dotés d'une certaine fraîcheur afin d'éviter toute lourdeur au palais.

Entre-Deux-Mers, Graves, Pessac-Léognan, Sancerre (blancs).

Cadillac, Cérons, Sainte-Foy-Bordeaux, Sauternes (blancs doux, liquoreux ou moelleux).

Poulet à la crème

Voir sauce à la crème

Poulet créole

Voir sauce créole

Poulet au curry

Voir sauce au curry

Poulet frites

Le gras de la volaille associé à la friture permet des associations assez surprenantes comme dans le Bordelais où l'on ose déguster un poulet frites accompagné d'un sauternes. L'acidité et le sucre résiduel du vin, surtout s'il est choisi encore jeune, gomment le gras du plat, effacent le côté souvent un peu trop sec et serré de la chair du poulet tout en dévoilant des notes d'agrumes, d'épices ou de miel qui donnent aux frites une certaine gourmandise. D'autres accords restent cependant possibles, et les appellations bourguignonnes de la côte chalonnaise ou de la côte de Beaune, aux vins assez tendres et dotés d'une texture joliment fruitée, accompagneront toujours avec bonheur une volaille rôtie.

Auxey-Duresses, Bourgogne Hautes-Côtes de Beaune, Givry, Jurançon, Maranges, Mercurey, Pernand-Vergelesses, Rully, Santenay (blancs) ; Cadillac, Cérons, Sainte-Foy-Bordeaux, Sauternes (blancs doux, liquoreux ou moelleux).

Bordeaux Supérieur, Côtes de Bourg, Médoc (rouges).

Poulet marengo

Voir sauce marengo

Poulet rôti

Voir volaille rôtie

Poulet tandoori

Voir sauce au curry

Poutargue

Voir caviar

Praires farcies

Voir palourdes farcies

Puits d'amour

Voir crème brûlée

Purée

Voir polenta

Quenelles de brochet sauce Nantua

Voir sauce à l'américaine

Queue de bœuf au vin rouge

Voir daube provençale

Quiche lorraine

Cette quiche vaut surtout pour son appareil à base d'œufs battus et de crème fraîche. Ce mélange oblige à privilégier un vin blanc à l'acidité suffisante pour affronter la crème et le beurre de la pâte. Les blancs d'Alsace permettent de jolis accords, notamment un pinot gris s'adaptant au côté fumé des lardons ou un riesling si la recette est enrichie de légumes (poireau) ou d'épices (muscade). Avec une garniture dédiée à l'oignon, le riesling trouve toujours sa place, mais on appréciera aussi un sauvignon doté de belles notes d'agrumes pour faire ressortir le côté sucré de l'oignon ou un vin de Savoie, à la fois vif, acide et aromatique. On pourra également choisir un accord plus risqué avec un côtes-du-rhône aux belles notes poivrées, dévoilant une acidité moins marquée.

Alsace pinot gris, Alsace riesling, Bordeaux, Bordeaux Supérieur, Côtes de Blaye, Entre-Deux-Mers, Sancerre, Vins de Savoie (Abymes, Apremont, Chignin-Bergeron) (blancs).

Arbois, Côtes de Toul, Côtes du Jura, Côtes du Rhône (blancs).

Raclette

Voir fondue savoyarde

Ragoût de mouton

Voir navarin

Raie

Voir bar

Raie au beurre noisette

Voir sauce meunière

Raie aux câpres

Voir sauce gribiche

Raie grenobloise

Voir sauce gribiche

Ratatouille niçoise

Ce ragoût de légumes honore la cuisine méditerranéenne. Les arômes généreux de la ratatouille trouvent leur pendant dans de nombreuses appellations du pourtour méditerranéen et même de la vallée du Rhône. Au bouquet garni et à l'huile d'olive entrant dans la composition du plat, masquant l'acidité des légumes, correspondent des arômes de garrigue, de thym, de romarin ou d'olive d'un collioure, d'un côtes-du-roussillon, d'un corbières ou encore les notes plus poivrées ou épicées d'un côtes-du-rhône. Tous ces vins aux saveurs chaleureuses développent une belle suavité en bouche, qui s'accordera parfaitement à la sauce, une réduction du jus de cuisson des légumes. Servie froide, la ratatouille perd ses saveurs chaleureuses pour développer fraîcheur et acidité, invitant alors plus facilement des rosés, obligatoirement méditerranéens, car riches en notes épicées et poivrées.

Collioure, Corbières, Coteaux du Languedoc, Côtes de Provence, Côtes du Rhône, Côtes du Rhône-Villages, Côtes du Roussillon, Fitou (rouges) ; Costières de Nîmes, Coteaux du Languedoc, Côtes du Rhône, Côtes du Roussillon, Lirac, Tavel (rosés).

Bandol, Coteaux d'Aix-en-Provence (rouges) ; Côtes du Frontonnais, Irouléguy (blancs, rouges ou rosés).

Jumilla, Priorato, Somontano, Tarragona d'Epagne ; vins rouges de Grèce, d'Israël, du Liban, de Sardaigne ou de Sicile.

Reblochon

Voir cantal

Religieuse au café

Voir moka au café

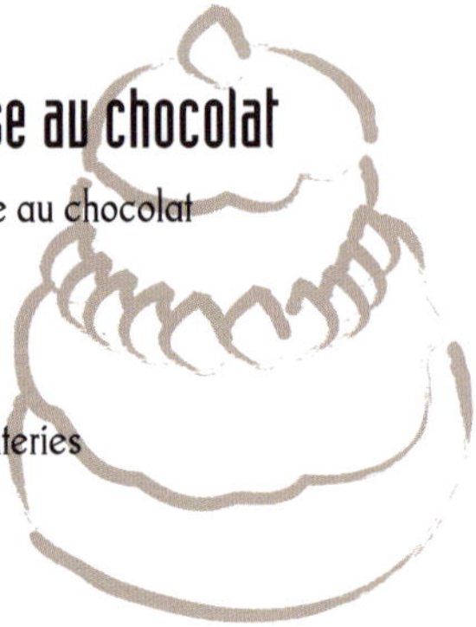

Religieuse au chocolat

Voir mousse au chocolat

Rillettes

Voir charcuteries

Rillons

Voir charcuteries

Ris d'agneau

Voir ris de veau

Ris de veau

L'accord se fait ici en premier lieu sur la texture, car les vins doivent être aussi suaves que possible pour honorer la finesse des abats. Avec une sauce crémée, on choisira des blancs assez acides, opulents et même évolués comme un grand cru bourguignon, voire un moelleux ou un liquoreux comme un jurançon, un sauternes, une vendange tardive ou une sélection de grains nobles alsaciennes, qui, tous, joueront avec gourmandise de leur onctuosité ou de leurs notes miellées pour enrober de douceur les ris. Simplement poêlé ou accompagné d'un peu de champignons ou de truffes, le plat s'accommode en revanche de rouges : de bordeaux prestigieux à condition qu'ils soient évolués et que les tanins soient fondus, de bourgognes plus portés sur la finesse que sur la puissance ou encore de certains vins du Val de Loire qui, grâce au cépage cabernet franc, peuvent accéder à beaucoup de finesse et de complexité après quelques années de vieillissement.

Alsace riesling (Vendanges Tardives ou Sélection de Grains Nobles), Chassagne-Montrachet, Coteaux du Layon, Jurançon, Meursault, Montlouis, Puligny-Montrachet, Savennières, Sauternes, Vouvray, tous les grands crus de côte d'Or (Bâtard-Montrachet, Bienvenues-Bâtard-Montrachet, Charlemagne, Corton-Charlemagne, Criots-Bâtard-Montrachet, Montrachet) (blancs, avec une sauce crémée) ; Aloxe-Corton, Beaune, Bourgueil, Chambolle-Musigny, Chassagne-Montrachet, Chinon, Pauillac, Pessac-Léognan, Saint-Émilion, Saint-Estèphe, Saint-Julien, Saint-Nicolas-de-Bourgueil, Margaux, Pomerol, Volnay, Vougeot (rouges, si poêlés ou servis avec des truffes ou d'autres champignons).

Champagne millésimé.

Risotto

La liaison au beurre ou au fromage qui termine souvent la préparation du risotto, ou encore le bouillon que nécessite sa cuisson font préférer un accord avec un vin blanc. Il devra cependant se montrer assez opulent et gras, mais aussi vif et caractérisé par une certaine fraîcheur pour accompagner la texture légèrement gélatineuse du plat. Les blancs de la vallée du Rhône septentrionale se prêtent généralement bien à cette recette, surtout si elle est accompagnée de truffes. Cela donnera à l'hermitage blanc l'occasion d'exprimer pleinement sa belle complexité aromatique.

Côtes du Rhône, Crozes-Hermitage, Hermitage, Saint-Joseph, Saint-Péray (blancs).

Barbera d'Asti, Barbaresco, Barolo d'Italie.

Risotto sauce à l'encre

Voir sauce à l'encre

Riz au lait

Le lait, même cuit, procure au dessert une acidité qui oblige à choisir un vin blanc. La présence de vanille dans la recette traditionnelle permet de jolis accords avec des sauternes : le passage en fûts de chêne laisse généralement au vin de jolies notes vanillées. Pourtant, le choix ne se limite pas à cette seule appellation, et tous les vins moelleux ou liquoreux trouvent ici leur place, jouant de leur texture dense et onctueuse pour procurer à chaque grain de riz une irrésistible gourmandise. Enfin, parmi les vins doux naturels, le muscat du Cap Corse convient également, car il a conservé suffisamment de fraîcheur en bouche pour accompagner le lait encore présent dans le dessert.

Alsace gewurztraminer, Alsace muscat, Alsace pinot gris, Alsace riesling (Vendanges Tardives ou Sélection de Grains Nobles), Bonnezeaux, Cadillac, Cérons, Coteaux de l'Aubance, Coteaux du Layon, Jurançon, Loupiac, Montlouis, Muscat du Cap Corse, Quarts-de-Chaume, Sainte-Croix-du-Mont, Sauternes, Vouvray (blancs moelleux).

Clairette de Die, Clairette du Languedoc (blancs pétillants) ; Muscat de Beaumes-de-Venise, Muscat du Cap Corse (blancs liquoreux) ; Muscat de Frontignan (blanc doux) ; Macvin du Jura (blanc ou rouge).

Riz basquaise

Voir sauce basquaise

Rognons de veau

Voir ris de veau

Rollmops

Voir harengs pomme à l'huile

Roquefort

Le roquefort, comme la plupart des fromages à pâte persillée, offre de jolis accords avec les vins en jouant à la fois sur le contraste et la complémentarité. Ainsi, pour sublimer la moisissure et le gras du fromage, on choisira des vins doux naturels aux notes fruitées très gourmandes ou des vins tout aussi voluptueux, mais possédant en plus acidité et fraîcheur, comme les jurançons ou les sauternes. En bouche, tout excès d'amertume, d'acidité ou de sucre s'efface pour donner naissance à un élégant sillage qui n'en finit pas de réjouir le palais.

Banyuls, Maury (blancs, ambrés ou rouges doux) ; Jurançon, Muscat de Rivesaltes, Muscat du Cap Corse, Sauternes, Pacherenc du Vic-Bilh (blancs doux, moelleux ou liquoreux).

Alsace gewurztraminer, Alsace muscat, Alsace pinot gris, Alsace riesling (Vendanges Tardives ou Sélection de Grains Nobles), Bonnezeaux, Cadillac, Cérons, Coteaux de l'Aubance, Coteaux du Layon, Loupiac, Quarts-de-Chaume, Rivesaltes ambré (blancs doux, moelleux ou liquoreux).

Porto LBV ou Tawny du Portugal.

Rôti de porc

Voir viandes rouges et blanches rôties

Rôti de porc à l'ananas

Voir porc à l'ananas

Rouget

Le rouget est souvent considéré comme le gibier de la mer, et c'est bien l'un des seuls poissons à apprécier les vins rouges. La densité de la chair du rouget et sa texture serrée obligent à écarter des vins trop fluides. Qu'ils soient blancs ou rouges, ils doivent posséder à la fois une certaine matière et une réelle puissance aromatique, ne serait-ce que pour accompagner les foies habituellement servis en tartine. Aussi, les blancs devront céder leur acidité contre une puissance aromatique et du gras : un châteauneuf-du-pape, un côtes-de-provence, un bandol, un palette mais aussi un graves ou un pessac-léognan seront mis à l'honneur (on n'hésitera pas à les servir après quelques années de vieillissement). Les mêmes appellations en rouge conviennent également en osant là aussi des vins un peu évolués.

Bandol, Châteauneuf-du-Pape, Côtes de Provence, Côtes du Rhône, Graves, Palette, Pessac-Léognan (blancs ou rouges).

Bellet, Crozes-Hermitage, Hermitage, Palette, Patrimonio, Saint-Joseph (blancs ou rouges).

Rouget à la provençale

Voir sauce à la provençale

Rouget à la tapenade

Voir tapenade

Rouleau de printemps

Voir nems

Saint-honoré

L'assise de pâte feuilletée sur laquelle reposent les choux caramélisés, garnis de crème Chiboust ou de chantilly, invite des vins demi-secs ou moelleux dotés d'une réelle acidité pour affronter celle de la chantilly ou les notes beurrées de la pâte. On choisira des vins issus du cépage chenin : ils offrent une fraîcheur, qui saura apaiser l'amertume comme l'excès de sucre du caramel et surtout de jolies notes de miel et d'agrumes qui apporteront puissance et longueur en bouche, voire une certaine cohérence à cette pâtisserie complexe et sophistiquée. On pourra également opter pour les vins d'Alsace, en sélection de grains nobles ou vendanges tardives, qui, avec beaucoup plus de sucre résiduel, offrent également acidité, élégance et finesse.

Bonnezeaux, Coteaux de l'Aubance, Coteaux du Layon, Jasnières, Montlouis (blancs liquoreux ou moelleux) ; Quarts-de-Chaume, Vouvray (blancs).

Alsace gewurztraminer, Alsace muscat, Alsace pinot gris (Vendanges Tardives ou Sélection de Grains Nobles) (blancs).

Chenin blanc d'Afrique du Sud.

Saint-marcellin

Ce fromage, servi de préférence très affiné, possède du gras, de l'acidité et une texture coulante qui rendent le choix d'un vin rouge bien difficile. Celui-ci risquerait en effet d'exhaler au contact du fromage des notes métalliques désagréables. On préfèrera donc des blancs qui possèdent une certaine fraîcheur, pour donner de la structure à l'alcool, et des arômes généreux pour épouser la rondeur du fromage. Les vins blancs de Bourgogne, sans toutefois chercher les grands crus, conviennent tout comme les vins de la vallée du Rhône septentrionale, enjôleurs, dotés de notes épicées.

Auxey-Duresses, Beaujolais, Ladoix, Mâcon, Mercurey, Pernand-Vergelesses, Pouilly-Fuissé, Pouilly-Loché, Rully, Saint-Aubin, Saint-Romain (blancs) ; Côtes du Rhône, Crozes-Hermitage, Hermitage, Saint-Péray (rouges).

Vins de Savoie (Abymes, Apremont, Chignin-Bergeron) (blancs).

Saint-nectaire

Voir cantal

Saint-pierre

Voir bar

Saint-pierre sauce béarnaise

Voir sauce béarnaise

Saint-pierre sauce hollandaise

Voir sauce hollandaise

Salade de chèvres chauds

Voir chèvre (fromage de)

Salade de fruits

Quels que soient les ingrédients utilisés, il faut chercher à trouver dans le vin les saveurs les plus proches ou les plus complémentaires de celles du fruit. Aussi, avec des fruits rouges, un sancerre rouge ou un gamay aux arômes marqués de cerise et de framboise sont recommandés ; tandis qu'une salade de coing conviendra à toutes les appellations issues du cépage chenin. Les fruits exotiques appelleront un gewurztraminer, un jurançon ou un sauternes. Pourtant, si les rapprochements peuvent être multiples, il est parfois plus simple de privilégier les muscats et autres vins doux naturels, tous réputés pour leurs jolies notes de fruits frais, en choisissant de préférence des fruits de la même couleur que le vin.

Muscat de Beaumes-de-Venise, Muscat du Cap Corse (blancs liquoreux) ; Muscat de Frontignan, Muscat de Lunel, Muscat de Mireval, Muscat de Rivesaltes, Muscat de Saint-Jean-de-Minervois (blancs doux) ; Banyuls, Rasteau, Rivesaltes (blancs, ambrés ou rouges doux).

Alsace gewurztraminer, Barsac, Bonnezeaux, Cérons, Coteaux de l'Aubance, Coteaux du Layon, Gaillac, Jurançon, Loupiac, Monbazillac, Montlouis, Montravel, Quarts-de-Chaume, Sainte-Croix-du-Mont, Sauternes, Savennières, Vouvray (blancs doux) ; Beaujolais, Sancerre (rouges).

Salade de gésiers confits

Voir confit de canard

Salade de haricots verts

Voir crudités et salades

Salade de lentilles

Voir crudités et salades

Salade de magrets de canard

Servi juste rosé, le magret de canard ressemble plus à une viande rouge qu'à une volaille et préfère les vins rouges. Quant à la salade, elle oblige à privilégier des millésimes plutôt jeunes et à éviter des vins trop concentrés ou des appellations trop complexes. Aussi, les graves aux notes souvent fumées dans leurs premières années, conviendront d'autant plus si la viande est elle aussi fumée. On pourra également choisir un vin de Loire : un chinon possède en effet un joli fruité qui s'épanouira sur le magret encore saignant et une acidité, voire une amertume, qui ne craindra pas la vinaigrette de la salade.

Bordeaux, Bordeaux Côtes de Francs, Bordeaux Supérieur, Bourgueil, Canon-Fronsac, Chinon, Côtes de Bourg, Côtes de Castillon, Fronsac, Graves, Médoc, Moulis, Saint-Nicolas-de-Bourgueil, Sainte-Foy-Bordeaux, Saumur-Champigny (rouges).

Cahors, Côtes de Saint-Mont, Fronton, Irouléguy, Madiran, Tursan (rouges).

Salade niçoise

Voir crudités et salades

Salade de pommes de terre

Voir crudités et salades

Salade de tomates et mozzarella au basilic

Voir crudités et salades

Salers

Voir cantal

Salmis

Ce ragoût est traditionnellement préparé avec du gibier, de l'alcool, du vin, du lard et des oignons. La sauce obtenue, capiteuse, riche et complexe, mérite un vin rouge puissant et au caractère prononcé. Les vins rouges de la vallée du Rhône au bouquet voluptueux, chaleureux et épicé conviennent parfaitement. On pourra également choisir un bourgogne ou un bordeaux, mais on réalisera également de jolis accords avec un patrimonio, un bandol, un corbières ou un madiran.

Bandol, Châteauneuf-du-Pape, Corbières, Cornas, Côte-Rôtie, Côtes du Rhône, Côtes du Rhône-Villages, Crozes-Hermitage, Gevrey-Chambertin, Gigondas, Hermitage, Madiran, Médoc, Nuits-Saint-Georges, Patrimonio, Pomerol, Pommard, Saint-Émilion, Vosne-Romanée (rouges).

Côtes de Provence (rouge).

Shiraz (seul ou assemblé) d'Australie ; cabernet franc ou cabernet-sauvignon de tous pays.

Sandre

Voir brochet

Sanglier rôti

Voir chevreuil

Sardines fraîches grillées

Voir bar

Sauce aux airelles

Voir sauce saint-hubert

Sauce à l'américaine

Cette sauce ou préparation dévoile des notes chaleureuses, tant par la présence d'épices et d'aromates que de cognac, ainsi qu'une réelle acidité due aux tomates. Il importe donc de privilégier des vins blancs puissants : des bourgognes ou mieux encore, des vins de la vallée du Rhône aux notes franches d'épices sur une texture tout en rondeur. On pourra toutefois préférer les gewurztraminers d'Alsace ou chenin de la Loire, cépages qui donnent aux vins assez de personnalité pour affronter la sauce.

Alsace gewurztraminer, Châteauneuf-du-Pape, Condrieu, Côtes du Rhône, Crozes-Hermitage, Hermitage, Mâcon, Mercurey, Meursault, Pernand-Vergelesses, Pouilly-Fuissé, Puligny-Montrachet, Saint-Péray, Savennières, Vouvray sec (blancs).

Bandol, Patrimonio (blancs).

Rueda d'Espagne ; chardonnay ou viognier de tous pays.

Sauce à l'armoricaine

Voir sauce à l'américaine

Sauce barbecue

Voir sauce à l'américaine

Sauce basquaise

Les piments, qu'ils soient verts ou d'Espelette, donnent à la sauce beaucoup de piquant et de longueur en bouche. Pour calmer le jeu, on peut servir un rosé bien frais aux notes épicées, ou préférer un vin rouge. Un irouléguy ou un madiran, liés par le cépage tannat, offrent ainsi une texture assez ferme dans leur jeunesse leur permettant d'assimiler l'acidité de la sauce, tout en dévoilant un bouquet suffisamment prometteur pour s'épanouir sur des arômes d'épices.

Béarn, Irouléguy, Madiran (rouges) ; Irouléguy, Tavel (rosés).

Côtes de Provence, Côtes du Frontonnais (rosés).

Sauce béarnaise

Cette sauce à base de réduction de vinaigre, de jaunes d'œuf, de beurre et d'estragon haché appelle des blancs évolués, notamment les bourgognes. Ces vins développent en effet des notes chaleureuses de pain brioché se prolongeant dans l'onctuosité de la sauce, tout en possédant assez d'acidité pour ne pas souffrir de l'excès de gras. Les vins de la vallée du Rhône, certes moins acides, offriront, eux, une réelle opulence, avec des notes complexes et épicées qui sauront dynamiser la sauce.

Charlemagne, Chassagne-Montrachet, Châteauneuf-du-Pape, Corton-Charlemagne, Côtes du Rhône, Crozes-Hermitage, Hermitage, Mâcon, Mercurey, Meursault, Montrachet, Puligny-Montrachet (blancs).

Graves, Pessac-Léognan (blancs).

Sémillon de Hunter Valley en Australie ; chardonnay d'Afrique du Sud, d'Argentine, d'Australie, de Californie, du Chili ou de Nouvelle-Zélande.

Sauce beurre blanc

Les échalotes confites, le beurre, et la crème parfois ajoutée en début de préparation, confèrent à cette sauce pourtant délicate une réelle acidité. Les vins blancs de Loire, qui ne craignent pas une telle acidité, trouvent ici l'occasion d'exprimer tout leur potentiel, jouant à la fois de leur minéralité et de leur fraîcheur, comme de leur finesse aromatique pour rendre la sauce gourmande et élégante. Si avec un poisson, il est recommandé de choisir des vins secs, avec une volaille ou une viande blanche, les demi-secs ou moelleux donneront un accord suave et subtil, souvent insoupçonné.

Coteaux de l'Aubance, Coteaux du Layon, Jasnières, Montlouis, Savennières, Vouvray (blancs).

Alsace riesling Vendanges Tardives, Pessac-Léognan (blancs).

Sauce bigarade

Le jus, comme le zeste des bigarades – ou oranges amères –, apporte certes de l'acidité et une légère amertume à la sauce, mais surtout beaucoup de subtilité et de finesse. Les rieslings, de préférence aux gewurztraminers qui risqueraient d'être trop accaparants, et les vins de Loire, issus du cépage chenin, développent chacun à leur façon des notes d'agrumes ou de fruits blancs qui prolongent agréablement ceux de la sauce. Leur minéralité et leur fraîcheur donnent également une réelle élégance aux accords, tout en évoluant avec le temps vers une rare complexité qui siéra autant aux poissons qu'aux volailles ou aux viandes blanches.

Alsace riesling, Coteaux de l'Aubance, Coteaux du Layon, Jasnières, Montlouis, Savennières, Vouvray (blancs secs, demi-secs ou moelleux).

Arbois, Arbois-Pupillin, Château-Chalon, Côtes du Jura, L'Étoile (vins jaunes).

Sauce bolognaise

La présence de viande de bœuf dans cette sauce appelle de préférence des rouges : on choisira les vins de la vallée du Rhône ou du pourtour méditerranéen aux notes chaleureuses et au bouquet aromatique bien présent pour accompagner la réduction de tomates, l'huile d'olive, les aromates et le bouquet garni incorporés à la recette. On évitera des crus prestigieux qui auraient trop de matière et de complexité pour s'épanouir avec la texture vite élastique des pâtes habituellement servies avec la sauce, et on préférera des vins assez fluides voire coulants.

Coteaux du Tricastin, Côtes de Provence, Côtes du Lubéron, Côtes du Rhône, Côtes du Rhône-Villages, Côtes du Ventoux, Vacqueyras (rouges ou rosés) ; Tavel (rosé).

Coteaux du Languedoc, Côtes du Roussillon (rouges ou rosés).

Vins rouges d'Italie, de Sardaigne ou de Sicile.

Sauce à la bordelaise

Cette sauce à base d'échalotes et de vin rouge appelle nécessairement un vin rouge, aussi bien pour accompagner un poisson, qu'une volaille ou une entrecôte. L'accord régional fonctionne parfaitement en choisissant des bordeaux jeunes. Ils possèdent en effet assez de tanins pour s'accorder à une sauce aussi sirupeuse, comme à l'iode d'un poisson ou au gras d'une viande. Si la préparation accompagne une grillade, les graves aux arômes légèrement fumés seront parfaits.

Bordeaux, Bordeaux Côtes de Francs, Bordeaux Supérieur, Côtes de Castillon, Graves, Haut-Médoc, Lalande de Pomerol, Listrac-Médoc, Médoc, Montagne Saint-Émilion, Moulis, Puisseguin Saint-Émilion, Saint-Georges Saint-Émilion (rouges).

Cahors, Irouléguy, Madiran (rouges).

Cabernet-sauvignon, malbec ou merlot de tous pays.

Sauce aux câpres

Voir sauce gribiche

Sauce carbonara

Avec cette sauce riche à base de crème, de lardons, de parmesan et de jaunes d'œuf, les vins blancs se montrent presque indispensables, car leur acidité et leur fraîcheur facilitent la digestion ! La texture un peu gluante que les jaunes d'œuf procurent à la sauce invite à privilégier des vins assez secs mais aussi aromatiques, ne serait-ce que pour accompagner les notes fumées des lardons. Un pinot gris alsacien apportera ainsi de la gourmandise, tout comme un sancerre ou un autre vin du centre de la Loire.

Alsace pinot gris, Menetou-Salon, Pouilly Fumé, Quincy, Reuilly, Sancerre (blancs).

Bourgogne, Côtes d'Auxerre, Mâcon-Villages (blancs).

Sauvignon blanc de Nouvelle-Zélande.

Sauce à la crème

Qu'elle accompagne un poisson, une volaille, une viande blanche ou même rouge, cette sauce s'accomode mieux des vins blancs. L'acidité de la crème fraîche oblige en effet à choisir des blancs issus d'appellations septentrionales tout en privilégiant le gras et la suavité du vin pour rapprocher sa texture de celle de la sauce. Les bourgognes blancs sont ici à l'honneur, mais d'heureux accords existent aussi avec les vins du Jura, leur minéralité révélant par contraste la rondeur de la sauce. On pourra également choisir un vin de Loire ou d'Alsace, aussi bien en secs qu'en demi-secs, en moelleux ou encore en vendanges tardives.

Alsace riesling Vendanges Tardives, Arbois, Arbois-Pupillin, Château-Chalon, Côtes du Jura, L'Étoile, Savennières, Vouvray (secs ou demi-secs), tous les vins blancs de Bourgogne sans restriction, Montlouis (secs ou demi-secs), Jasnières (blancs).

Roussette du Bugey, Vins de Savoie (Abymes, Apremont, Chignin-Bergeron) (blancs).

Rioja blanc d'Espagne ; Soave d'Italie ; chardonnay de tous pays.

Sauce créole

Avec cette sauce épicée et toujours

relevée, on choisira des vins moelleux servis frais qui rafraîchiront le palais et joueront de leurs arômes, comme de leur texture suave pour créer de jolis accords. Les liquoreux du Bordelais ou du Sud-Ouest développeront des notes subtiles de fruits exotiques, tout en conservant acidité et fraîcheur. Quant aux gewurztraminers vendanges tardives ou sélection de grains nobles, ils affichent une totale exubérance aromatique qui oscille avec beaucoup d'élégance entre des notes de fleurs, de fruits et d'épices.

Alsace gewurztraminer, Alsace muscat, Alsace pinot gris, Alsace riesling (Vendanges Tardives ou Sélection de Grains Nobles) ; Jurançon, Pacherenc du Vic-Bilh (blancs demi-secs à moelleux).

Barsac, Bonnezeaux, Cadillac, Cérons, Loupiac, Monbazillac, Quarts-de-Chaume, Sauternes (blancs moelleux).

Sauce au curry

Les arômes du curry se retrouvent souvent dans les vins oxydés, notamment dans les vins jaunes du vignoble jurassien. Pour réussir l'accord, on pourra également envisager un vin blanc offrant à la fois acidité et sucre résiduel, notamment si la recette exige l'ajout de lait de coco. Les gewurztraminers, de préférence sélection de grains nobles, donneront alors beaucoup d'éclat au plat, jouant en même temps de leur fraîcheur et de leurs subtiles notes de rose et de lychee. Toutefois, on pourra choisir un savennières à parfaite maturité, développant des notes miellées, ou un condrieu, liquoreux de préférence, voire un muscat, pour faire le plein de notes fruitées. Le choix d'un vin rouge sera en revanche beaucoup plus difficile. Certains vins de la vallée du Rhône, marqués par leurs notes épicées, conviendront à condition de les servir frais.

Alsace gewurztraminer (Vendanges Tardives ou Sélection de Grains Nobles), Condrieu, Muscat du Cap Corse, Muscat de Frontignan, Muscat de Lunel, Muscat de Mireval, Muscat de Rivesaltes, Muscat de Saint-Jean-de-Minervois, Savennières (blancs doux ou liquoreux) ; Arbois, Arbois-Pupillin, Château-Chalon, L'Étoile (vins jaunes).

Crozes-Hermitage, Hermitage, Vins de Savoie (mondeuse) (rouges).

Sauce à l'encre

L'encre de seiche donne à la sauce une couleur unique, mais aussi une texture riche et capiteuse qui incite à privilégier des vins rouges. La sauce gomme toute acidité et magnifie de chaleureuses notes épicées que l'on retrouve notamment dans les rouges de la vallée du Rhône. On pourra cependant préférer un tavel, rosé doté d'une structure et d'une matière suffisantes pour faire face à une préparation aussi dense, voire un châteauneuf-du-pape blanc assez opulent pour trouver un équilibre.

Châteauneuf-du-Pape (blanc) ; Crozes-Hermitage, Hermitage, Saint-Joseph (rouges) ; Tavel (rosé).

Corbières, Minervois (rouges ou blancs).

Merlot du Chili.

Sauce grand veneur

Voir sauce saint-hubert

Sauce grenobloise

Voir sauce gribiche

Sauce gribiche

Cette sauce à base de câpres et de cornichons exige des vins qui ne redoutent pas l'acidité et le vinaigre. On privilégiera donc des rouges issus de vignobles septentrionaux, peu tanniques et marqués par le fruit. Certains crus du Beaujolais ou certaines appellations bourguignonnes apporteront de jolies notes de fruits rouges et assez de fraîcheur pour contenir et enjôler les assauts du vinaigre. On pourra également choisir un vin de Loire comme un chinon : il s'adapte merveilleusement aux sauces vinaigrées et possède une texture en harmonie avec les abats, qu'accompagne souvent la sauce gribiche.

Beaujolais, Bourgogne Épineuil, Bourgogne Hautes-Côtes de Beaune, Bourgogne Hautes-Côtes de Nuits, Brouilly, Bourgueil, Chinon, Fleurie, Givry, Irancy, Morgon, Rully, Saint-Nicolas-de-Bourgueil, Touraine gamay (rouges).

Menetou-Salon, Reuilly, Sancerre (rosés).

Sauce hollandaise

Voir sauce béarnaise

Sauce homardine

Voir sauce à l'américaine

Sauce madère

Cette sauce à base de crème et de madère joue sur une texture de velours et sur des notes aromatiques tout en rondeur. Blancs ou rouges, les vins seront choisis de préférence à maturité, afin d'obtenir une texture similaire à celle de la sauce et des arômes subtils et élégants. On privilégiera les grands vins rouges de Bordeaux, notamment les vins de la rive droite à base de merlot, pour leur ampleur et leur opulence, tout comme les blancs de Bourgogne, ou les vins de la vallée du Rhône septentrionale.

Meursault, Montrachet (blancs) ; Côte-Rôtie, Lalande de Pomerol, Pomerol, Puisseguin Saint-Émilion, Saint-Émilion (rouges) ; Hermitage (blancs ou rouges).

Bandol, Châteauneuf-du-Pape (blancs ou rouges).

Madère du Portugal.

Sauce maltaise

Voir sauce bigarade

Sauce marengo

Cette préparation à base d'huile d'olive, de champignons de Paris et de tomates, dévoile une certaine vivacité. Elle se satisfait donc de vins plus fruités que concentrés ou complexes. On pourra choisir un rouge, un blanc ou un rosé, sachant que le jus de cuisson qui fait office de sauce invite des vins de préférence fluides ou coulants, mais toujours peu tanniques.

Côtes du Rhône, Menetou-Salon, Sancerre (blancs, rouges ou rosés).

Alsace pinot noir, Tavel (rosés).

Rosés d'Italie ou d'Espagne.

Sauce meunière

Cette préparation qui associe beurre, citron et persil, invite des vins blancs possédant de l'acidité et assez de matière. On choisira donc des blancs issus du cépage sauvignon, dotés d'arômes de citron, d'un bon équilibre entre notes végétales et minérales, d'une belle vivacité et d'une certaine tendreté en bouche.

Blaye, Bordeaux, Entre-Deux-Mers, Menetou-Salon, Pouilly Fumé, Premières Côtes de Blaye, Quincy, Reuilly, Sancerre, Touraine (blancs).

Saumur, Touraine (blancs).

Sauvignon blanc de tous pays.

Sauce Nantua

Voir sauce à l'américaine

Sauce normande

Cette sauce à base de crème, de fumet de poissons et de jaunes d'œuf oblige à choisir des vins blancs assez acides pour affronter la crème et possédant assez de matière pour faire face à l'onctuosité de la préparation. Les bourgognes blancs craignant l'iode du fumet, on privilégiera les sauvignons. Ils possèdent assez de rondeur et de densité et développent des notes minérales et fruitées très gourmandes.

Menetou-Salon, Pouilly Fumé, Quincy, Reuilly, Sancerre, Touraine (blancs).

Alsace riesling, Alsace sylvaner (blancs).

Sauvignon blanc de tous pays.

Sauce à l'oseille

La crème servant de base à la sauce renforce l'acidité de l'oseille. Dans l'accord, on choisira donc de magnifier cette acidité en privilégiant des vins issus du cépage sauvignon. Un sancerre, par exemple, ou pourquoi pas un graves blanc, dont la texture grasse et suave, due également à la présence de sémillon, développe d'agréables notes fruitées et citronnées qui donneront à la sauce et donc au plat beaucoup de fraîcheur et de gourmandise.

Cheverny, Côtes de Blaye, Entre-Deux-Mers, Graves, Menetou-Salon, Pouilly Fumé, Premières Côtes de Blaye, Quincy, Reuilly, Sancerre, Touraine (blancs).

Anjou, Jasnières, Saumur, Savennières (blancs).

Chenin ou sauvignon blanc de tous pays.

Sauce Périgueux

Cette sauce est élaborée à partir de madère et de truffes. On choisira des vins évolués aux arômes tertiaires, proches de ceux de la truffe et dotés d'une texture presque veloutée évoquant celle du madère. Le merlot, cépage cher au saint-émillion et au pomerol qui, en évoluant présente une texture très soyeuse et un nez de truffe, s'impose. On pensera aussi à la syrah de la vallée du Rhône qui développe après quelques années une exceptionnelle complexité aromatique. Un peu plus au sud, un châteauneuf-du-pape, voire un bandol, possèderont assez de puissance pour accompagner cette sauce voluptueuse. On pourra également choisir certains crus du vignoble bourguignon, et pourquoi pas languedocien, aussi bien en rouges qu'en blancs.

Bandol, Bonnes-Mares, Chambertin, Châteauneuf-du-Pape, Clos de Vougeot, Corton, Côte-Rôtie, Hermitage, Margaux, Minervois-La Livinière, Musigny, Pauillac, Pessac-Léognan, Pomerol, Saint-Émilion (rouges) ; Chassagne-Montrachet, Châteauneuf-du-Pape, Hermitage, Meursault, Puligny-Montrachet (blancs).

Cahors (rouge) ; Champagne millésimé (blanc).

Sauce piquante

Voir sauce gribiche

Sauce au pistou

Voir aïoli

Sauce poivrade

Voir sauce saint-hubert

Sauce au poivre

Avec cette sauce à base de crème et de poivre, il est possible de valoriser des vins aux notes aussi chaleureuses et épicées, en optant pour les rouges de la vallée du Rhône, notamment si la sauce accompagne une viande rouge. La syrah développe en effet des notes bien caractéristiques de poivre et conserve une souplesse et un moelleux qui s'harmoniseront avec la texture de la sauce. Toutefois, les blancs de Loire à base de chenin sauront aussi s'appuyer sur l'acidité de la crème pour développer une richesse aromatique qui ira au-delà des seules notes poivrées. Ces vins, minéraux pour l'essentiel, donneront beaucoup de dynamisme et de subtilité à l'accord, jusqu'à dévoiler des arômes de miel, de tilleul ou de coing.

Côte-Rôtie, Côtes du Rhône, Crozes-Hermitage, Hermitage, Saint-Joseph (rouges) ; Jasnières, Montlouis, Savennières, Vouvray (blancs secs).

Corbières, Coteaux du Languedoc, Faugères, Pomerol, Saint-Chinian, Saint-Émilion (rouges).

Sauce à la provençale

Cette sauce à base de tomates, d'oignons, de vin blanc et d'ail, s'adapte aux vins exubérants, et tout particulièrement à ceux du vignoble provençal. Si le choix d'un blanc s'impose avec le poisson, les rouges ou les rosés seront parfaits pour accompagner des volailles ou des viandes.

Bandol, Les Baux de Provence, Bellet, Cassis, Coteaux d'Aix-en-Provence, Coteaux Varois, Côtes du Lubéron, Côtes de Provence, Côtes du

Ventoux, Palette (blancs, rouges ou rosés).

Collioure, Côtes du Roussillon-Villages (rouges) ; Coteaux du Languedoc (blanc ou rouge) ; Côtes du Roussillon (blanc, rouge ou rosé).

Sauce au raifort

La saveur piquante et parfois âcre du raifort ne facilite pas le choix du vin. Le riesling, unique cépage à apprécier les légumes, réussit à s'accorder avec les arômes puissants du raifort et même à les sublimer. L'acidité du vin, sa grande minéralité et ses notes qui rappellent presque le pétrole, s'associent en outre à la crème pour créer un accord original et gourmand.

Alsace riesling (blanc).

Alsace edelzwicker, Alsace gewurztraminer, Alsace sylvaner, Côtes de Toul (blancs).

Sauce ravigote

Voir sauce gribiche

Sauce au roquefort

Voir roquefort

Sauce Rossini

Voir sauce Périgueux

Sauce saint-hubert

Cette sauce qui utilise airelles, aromates et parures de gibier invite des appellations réputées pour leur puissance et leurs notes épicées. Il importe de choisir des vins de garde qui sauront offrir, à maturité, des arômes tertiaires bien en phase avec ceux du gibier, et des tanins assez fondus pour magnifier la suavité de la sauce. Une telle préparation est l'occasion de sortir de grands vins rouges, qu'ils soient issus des vignobles bordelais, bourguignons ou rhodaniens. Enfin, pour ceux qui préfèrent les blancs, on osera un gewurztraminer alsacien : le soyeux de sa texture offrira assez de matière pour affronter celle de la sauce, et la présence plus ou moins importante de sucre résiduel trouvera écho auprès des fruits rouges nécessaires à la recette.

Bonnes-Mares, Chambertin, Chambertin Clos-de-Bèze, Chapelle-Chambertin, Charmes-Chambertin, Châteauneuf-du-Pape, Clos des Lambrays, Clos de la Roche, Clos Saint-Denis, Clos de Tart, Clos de Vougeot, Cornas, Corton, Côte-Rôtie, Échezeaux, Gigondas, Grand-Échezeaux, Griotte-Chambertin, Hermitage, La Grande Rue, La Tâche, Latricières-Chambertin, Margaux, Mazis-Chambertin,

Mazoyères-Chambertin, Musigny, Pauillac, Pessac-Léognan, Pomerol, Richebourg, Romanée, Romanée-Conti, Romanée Saint-Vivant, Ruchottes-Chambertin, Saint-Émilion, Saint-Estèphe, Saint-Julien (rouges).

Alsace gewurztraminer (blanc).

Barbaresco, Barolo, Brunello di Montalcino d'Italie.

Sauce au vin jaune

Bien que ce ne soit pas une règle, le vin qui entre ici dans la composition de la sauce est aussi celui qui accompagne le mieux le plat. En effet, le vin jaune, aussi minéral et sec soit-il, apprécie volontiers la rondeur de la crème. L'accord ici se joue sur le contraste entre la suavité de la sauce et la sécheresse du vin.

Arbois, Arbois-Pupillin, Château-Chalon, L'Étoile (vins jaunes).

Bâtard-Montrachet, Bienvenues-Bâtard-Montrachet, Champagne millésimé, Charlemagne, Chassagne-Montrachet, Corton-Charlemagne, Criots-Bâtard-Montrachet, Meursault, Montrachet, Puligny-Montrachet (blancs).

Sauce au vin rouge

Cette sauce à base de crème ou de beurre accompagne souvent les poissons. Elle exige des vins rouges à l'acidité marquée issus de vignobles septentrionaux, mais aussi peu tanniques pour ne pas ajouter d'astringence à celle déjà présente dans la préparation. Gamay ou pinot noir répondent bien à de telles exigences, et un beaujolais ou un sancerre développeront de jolies notes de fruits rouges qui donneront au plat une réelle gourmandise.

Beaujolais, Fleurie, Morgon, Saint-Amour, Sancerre (rouges).

Touraine gamay, Saumur-Champigny (rouges).

Bonarda d'Argentine ; Valpolicella d'Italie.

Saucisson

Voir charcuteries

Saucisson chaud en brioche

Servi chaud, le saucisson se montre vite indigeste, et il importe de choisir un vin assez vif et acide pour alléger la présence de gras. Quant aux notes beurrées de la brioche, elles appellent d'emblée un vin issu du chardonnay, qui développera des arômes très proches de l'amande et du pain brioché. Sans aller chercher un cru trop opulent, les blancs de Bourgogne seront ici à l'honneur, jouant de leur acidité et de leur rondeur pour donner de l'élégance au plat. Certains rouges du même vignoble bourguignon peuvent également convenir.

Auxey-Duresses, Ladoix, Mâcon, Mercurey, Meursault, Pernand-Vergelesses, Pouilly-Fuissé, Pouilly-Loché, Rully, Saint-Aubin, Saint-Romain, Saint-Véran (blancs) ; Chorey-lès-Beaune, Fixin, Ladoix, Marsannay, Mercurey, Pernand-Vergelesses (rouges).

Alsace pinot noir (rouge) ; Roussette de Savoie.

Saucisson chaud pommes à l'huile

Avec cette entrée traditionnelle, le vin est confronté à plusieurs problèmes. Il doit posséder à la fois l'acidité nécessaire pour faire face au gras apporté par l'huile, assez de vivacité et de souplesse pour affronter les pommes de terre, toujours asséchantes au palais, et, enfin, suffisamment de présence en bouche pour résister aux échalotes. Les bourgognes ou les vins du centre de la Loire (blancs ou rouges) pourront relever le défi, car ils ne redoutent pas trop la vinaigrette et offrent assez peu de tanins pour s'accorder avec les échalotes.

Bourgogne Épineuil, Bourgogne Hautes-Côtes de Beaune, Bourgogne Hautes-Côtes de Nuits, Chablis, Cheverny, Irancy, Mâcon-Villages, Menetou-Salon, Pouilly Fumé, Pouilly-sur-Loire, Quincy, Reuilly, Rully, Saint-Bris, Sancerre, Saumur, Touraine (blancs) ; Bourgogne Épineuil, Bourgogne Grand Ordinaire, Bourgogne Hautes-Côtes de Beaune, Bourgogne Hautes-Côtes de Nuits, Bourgogne Passe-Tout-Grains, Bourgueil, Chinon, Givry, Irancy, Menetou-Salon, Reuilly, Rully, Saint-Nicolas-de-Bourgueil, Sancerre, Saumur-Champigny (rouges).

Bergerac, Bordeaux Supérieur, Côtes de Blaye, Entre-Deux-Mers, Montravel (blancs).

Saumon

Voir bar

Saumon fumé

Voir anguille fumée

Saumon à l'oseille

Voir sauce à l'oseille

Sauté d'agneau au paprika

Voir viandes rouges et blanches braisées

Sauté de veau aux carottes

Voir viandes rouges et blanches braisées

Sauté de veau à la tomate

Voir viandes rouges et blanches braisées

Savarin

Voir baba au rhum

Selle d'agneau

Voir viandes rouges et blanches rôties

Sole

Voir bar

Sole sauce normande

Voir sauce normande

Soufflé au chocolat

Voir mousse au chocolat

Soufflé au fromage

Avec le soufflé, il importe de choisir des vins assez élégants pour mettre en valeur la légèreté du plat et, en même temps, assez complexes pour faire face au concentré d'arômes que constitue la préparation. Ici, les blancs de Bourgogne ne déçoivent jamais, notamment avec la traditionnelle recette du soufflé au fromage. Si la recette est à base de bleu, il est cependant préférable de choisir un vin liquoreux ou un vin doux naturel.

Chassagne-Montrachet, Ladoix, Mâcon, Mercurey, Meursault, Puligny-Montrachet (blancs) ; Jurançon, Muscat du Cap Corse, Muscat de Rivesaltes, Sauternes (blancs doux, moelleux ou liquoreux) ; Banyuls, Maury (blancs, ambrés ou rouges doux).

Vins de Savoie (Abymes, Apremont, Chignin-Bergeron) (blancs).

Chardonnay de tous pays.

Spaghettis sauce bolognaise

Voir sauce bolognaise

Spaghettis sauce carbonara

Voir sauce carbonara

Steak au poivre

Voir sauce au poivre

Steak tartare

Voir carpaccio

Strudel aux pommes

Voir tarte aux pommes

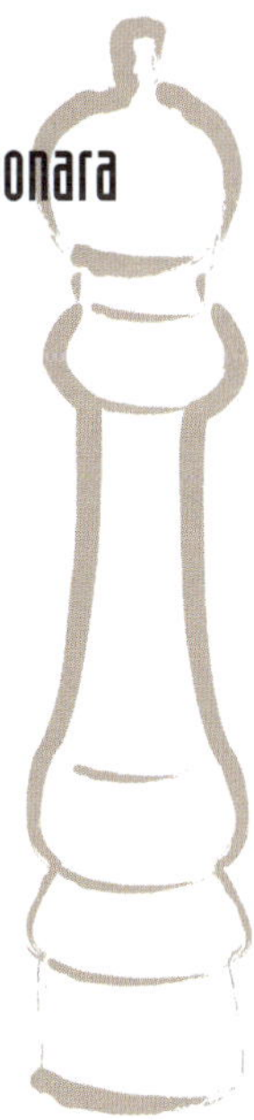

Supions sauce à l'encre

Voir sauce à l'encre

Sushis

Ces rouleaux à base de poissons, servis généralement avec un peu de gingembre, s'accordent bien avec le riesling. Ce vin alsacien possède en effet la vivacité et l'acidité nécessaires pour trouver ses repères avec la chair crue du poissons et offre en même temps une complexité aromatique qui ne craint pas les épices et le gingembre. Quant aux notes minérales propres au vin, elles apporteront cohérence, mais aussi longueur et élégance en bouche.

Alsace riesling, Alsace sylvaner (blancs).

Champagne brut (blanc).

Riesling d'Allemagne ou d'Autriche ; petite arvine de Suisse.

Tablier de sapeur

Cette spécialité lyonnaise à base de morceaux de gras-double panés nécessite des vins à l'acidité marquée pour rendre plus digeste le gras du plat. Si de simples blancs de Bourgogne conviennent, les vins rouges et notamment les beaujolais apportent en plus des notes de fruits rouges qui procurent de la gourmandise à la panure et au croustillant de la préparation. Ces vins tendres sont dotés en plus d'une texture souple qui sublimera le fondant du gras-double, une fois cuit.

Bourgogne Épineuil, Bourgogne Hautes-Côtes de Beaune, Bourgogne Hautes-Côtes de Nuits, Irancy (blancs ou rouges) ; Beaujolais, Bourgogne Grand Ordinaire, Bourgogne Passe-Tout-Grains, Brouilly, Coteaux du Lyonnais, Côtes du Forez, Fleurie, Juliénas, Morgon, Moulin-à-Vent, Saint-Pourçain, Touraine gamay (rouges).

Alsace pinot noir, Côtes de Toul, Côtes du Jura (rouges ou rosés).

Tagliatelles sauce bolognaise

Voir sauce bolognaise

Tagliatelles sauce carbonara

Voir sauce carbonara

Tajine aux fruits secs

Ce plat creux marocain a donné son nom à une préparation dans laquelle viande ou volaille cuisent lentement à grand renfort d'épices, de légumes et souvent de fruits. Quel que soit l'ingrédient principal, la recette appelle des vins complexes pour faire face à la richesse aromatique du tajine. En blanc, les vins demi-secs, moelleux d'Anjou ou d'Alsace, sont conseillés : ils possèdent l'acidité requise pour affronter le gras de la sauce, le sucre résiduel nécessaire pour faire face à la chaleur des épices et développent des notes de miel agréables en bouche. De plus, leur texture suave se fond à celle de la viande confite. En rouge, l'acidité est abandonnée au profit de la puissance. Un cornas, un gigondas, un châteauneuf-du-pape, ou un simple côtes-du-rhône, sans oublier les appellations de Bandol, Collioure ou Patrimonio possèdent de franches notes épicées et poivrées proches de celles du plat et une densité en adéquation avec la richesse de la sauce.

Alsace gewurztraminer, Alsace muscat, Alsace pinot gris (Sélection de Grains Nobles ou Vendanges Tardives), Coteaux de l'Aubance, Coteaux du Layon, Bonnezeaux, Montlouis, Quarts-de-Chaume, Vouvray (blancs) ; Bandol, Châteauneuf-du-Pape, Collioure, Cornas, Côtes du Rhône, Gigondas, Patrimonio (rouges).

Banyuls, Maury (blancs, ambrés ou rouges doux) ; Muscat de Mireval, Muscat de Rivesaltes, Muscat de Saint-Jean-de-Minervois (blancs doux).

Chenin blanc d'Afrique du Sud ; gewurztraminer late harvest ; moscatel d'Espagne.

Tapenade

Voir aïoli

Tarama

Voir caviar

Tartare

Voir carpaccio

Tarte aux cerises

Voir tarte aux fruits rouges

Tarte au citron

Difficile de construire un accord face à tant d'acidité et de gras ! Seule certitude, le vin doit être servi bien frais pour venir alléger le palais et gommer le beurre et la crème présents dans la recette. Le sucre résiduel propre à certaines appellations n'est ici jamais un problème et permet au contraire de contenir les notes acides du citron. Aussi, les blancs moelleux ou liquoreux du Bordelais ou du Sud-Ouest, offrant beaucoup de fraîcheur, fonctionnent très bien. On évitera cependant les appellations de Sauternes ou de Barsac, trop complexes et trop riches. On pourra préférer un moelleux d'Anjou, mais les muscats et autres vins doux naturels créent, avec leurs franches notes de fruits frais, l'accord certainement le plus gourmand.

Cadillac, Cérons, Coteaux de l'Aubance, Coteaux du Layon, Jurançon, Loupiac, Monbazillac, Montravel, Muscat de Beaumes-de-Venise, Muscat du Cap Corse, Muscat de Frontignan, Muscat de Lunel, Muscat de Mireval, Muscat de Rivesaltes, Muscat de Saint-Jean-de-Minervois, Pacherenc du Vic-Bilh, Rivesaltes, Sainte-Croix-du-Mont (blancs doux, liquoreux ou moelleux).

Clairette de Die (blanc).

Montilla-Moriles ou Xérès Amontillado d'Espagne ; Sercial du Portugal.

Tarte au chocolat

Voir mousse au chocolat

Tarte aux coings

Les arômes de coing sont caractéristiques du chenin, cépage cher aux demi-secs ou aux liquoreux du Val de Loire. Ces vins offriront de jolies notes fruitées et une acidité qui accompagne parfaitement le fond de pâte, gommant l'excès de beurre ou de sucre et procurant finesse et légèreté au dessert.

Bonnezeaux, Coteaux de l'Aubance, Coteaux du Layon, Jasnières, Montlouis, Quarts-de-Chaume, Vouvray (blancs demis-secs ou moelleux).

Muscat du Cap Corse, Muscat de Frontignan, Muscat de Lunel, Muscat de Mireval, Muscat de Rivesaltes, Muscat de Saint-Jean-de-Minervois, Rivesaltes (blancs doux ou liquoreux).

Porto blanc du Portugal.

Tarte flambée

Voir quiche lorraine

Tarte aux fraises

Voir tarte aux fruits rouges

Tarte aux framboises

Voir tarte aux fruits rouges

Tarte aux fruits rouges

Sans vouloir en faire une règle, la couleur du vin va souvent de pair avec celle du fruit du dessert. Aussi, les vins rouges conviennent à ce type de tarte, à condition qu'ils possèdent assez d'acidité pour affronter celle du fruit et qu'ils soient servis frais pour effacer le côté rapidement pesant de la pâte. On choisira donc les appellations chères au cépage gamay ou au pinot noir telles un beaujolais ou un sancerre offrant des notes gourmandes de cerise, de cassis et d'autres fruits rouges. On pourra toutefois préférer certains rosés de Loire dotés de notes franches de fraise, de fraise des bois ou de framboise. Enfin, on pourra tenter un cerdon du Bugey, pétillant peu alcoolisé qui accompagnera parfaitement ce dessert, notamment s'il est peu sucré.

Banyuls, Maury, Rasteau (blancs, ambrés ou rouges doux) ; Beaujolais, Cerdon du Bugey, Sancerre (rouges) ; Rosé d'Anjou (rosé).

Muscat de Mireval, Muscat de Rivesaltes, Muscat de Saint-Jean-de-Minervois (blancs doux) ; Muscat du Cap Corse (blanc liquoreux).

Moscato d'Asti d'Italie.

Tarte aux mirabelles

Les mirabelles et les quetsches développent des arômes complexes de miel et d'épices que l'on retrouve dans les vendanges tardives ou les sélections de grains nobles. Ces vins possèdent également toute l'acidité nécessaire pour rendre plus digeste la pâte ou la crème pâtissière et offrent un heureux contraste entre leur suave texture et le croustillant de la pâte. Les muscats, par leur fraîcheur et leurs arômes de fruits frais, fonctionnent également très bien.

Alsace gewurztraminer, Alsace muscat, Alsace pinot gris, Alsace riesling (Sélection de Grains Nobles ou Vendanges Tardives), Muscat du Cap Corse, Muscat de Beaumes-de-Venise, Muscat de Frontignan, Muscat de Lunel, Muscat de Mireval, Muscat de Rivesaltes, Muscat de Saint-Jean-de-Minervois, Rivesaltes (blancs doux, moelleux ou liquoreux).

Bonnezeaux, Coteaux de l'Aubance, Coteaux du Layon, Quarts-de-Chaume (blancs moelleux).

Chenin blanc late harvest d'Afrique du Sud ; muscat de tous pays.

Tarte aux mûres

Voir tarte aux fruits rouges

Tarte aux myrtilles

Voir tarte aux fruits rouges

Tarte à l'oignon

Voir quiche lorraine

Tarte aux pommes

Parfaits avec le coing, les demis-secs ou les moelleux de Loire fonctionnent également avec la pomme. Toutefois, si on agrémente la recette de cannelle, on préfèrera une appellation alsacienne, comme le riesling, qui développe de jolies notes d'épices (notamment de cannelle). Une clairette ou un gaillac mousseux, grâce aux bulles et à leurs délicats arômes floraux ou de pomme offriront vivacité et fraîcheur au dessert. Ils permettront de terminer le repas avec légèreté et élégance.

Alsace gewurztraminer, Alsace muscat, Alsace pinot gris, Alsace riesling (Sélection de Grains Nobles ou Vendanges Tardives), Bonnezeaux, Coteaux de l'Aubance, Coteaux du Layon, Jasnières, Montlouis, Quarts-de-Chaume, Vouvray (blancs) ; Clairette de Bellegarde, Clairette de Die, Clairette du Languedoc, Gaillac Mousseux (blancs pétillants).

Muscat de Mireval, Muscat de Rivesaltes, Muscat de Saint-Jean-de-Minervois (blancs doux) ; Muscat du Cap Corse (blancs liquoreux).

Chenin blanc late harvest d'Afrique du Sud ; muscat de tous pays.

Tarte aux prunes

Voir tarte aux mirabelles

Tarte aux quetsches

Voir tarte aux mirabelles

Tarte à la rhubarbe

Voir tarte aux coings

Tarte Tatin

Voir tarte aux pommes

Tempura

Voir beignets de fleurs de courgettes

Terrine de canard

Voir terrine de volaille

Terrine de gibier

Pour accompagner le gibier, on choisira de préférence des vins issus de cépages développant à maturité des notes fauves, tels le pinot noir ou le merlot, ou des notes de cuir, tels la syrah ou le mourvèdre. Reste ensuite à parfaire l'accord en fonction de la viande. Ainsi, avec un sanglier, un marcassin ou un chevreuil, on privilégiera des bourgognes puissants ou des appellations méridionales aux arômes de garrigue. Avec le gibier à poils, on préfèrera des vins de la vallée du Rhône aux notes poivrées et à la texture souple. Enfin, avec le gibier à plumes, les pomerols dotés de tanins tout en finesse comme tous les bordeaux prestigieux seront à l'honneur.

Bandol, Corbières, Cornas, Costières de Nîmes, Côte-Rôtie, Coteaux du Languedoc, Crozes-Hermitage, Fitou, Gevrey-Chambertin, Gigondas, Hermitage, Margaux, Minervois, Nuits-Saint-Georges, Patrimonio, Pauillac, Pessac-Léognan, Pomerol, Pommard, Saint-Chinian, Saint-Émilion, Saint-Estèphe, Saint-Joseph, Saint-Julien, Vosne-Romanée (rouges).

Alsace pinot noir, Cahors, Chinon (rouges).

Terrine de joue de bœuf

La joue de bœuf confère à la terrine une structure rapidement gélatineuse. Aussi, le vin doit-il être capable de faire face à une texture aussi molle. Les vins rouges du Val de Loire, produits à partir du cépage cabernet franc possèdent suffisamment d'acidité et offrent dans leur jeunesse des tanins assez serrés pour donner aspérité et relief au plat. Leurs jolies notes de fruits rouges apporteront également rondeur et gourmandise à la gelée.

Anjou, Anjou-Villages, Anjou-Villages - Brissac, Bourgueil, Chinon, Saint-Nicolas-de-Bourgueil, Saumur, Saumur-Champigny (rouges).

Menetou-Salon, Sancerre (rouges).

Terrine de lapereau

La chair toujours serrée du lapereau ou du lapin oblige à ajouter dans de nombreuses recettes de la gorge de porc. Aussi, le vin se doit-il de posséder assez d'acidité pour affronter cet apport de gras, comme de fruité pour donner de la fluidité à l'accord. Les vins issus des cépages gamay ou pinot noir, marqués par une réelle vivacité et des arômes bien présents de fruits rouges, répondent à de telles nécessités. On pourra également préférer le cabernet franc des vins de Loire qui, après quelques années de vieillissement, développe des notes de sous-bois en parfaite harmonie avec celles de l'animal.

Anjou, Anjou-Villages, Bourgogne Épineuil, Bourgogne Hautes-Côtes de Beaune, Bourgogne Hautes-Côtes de Nuits, Bourgueil, Brouilly, Chinon, Fleurie, Juliénas, Morgon, Moulin-à-Vent, Regnié, Saint-Amour, Saint-Nicolas-de-Bourgueil, Saumur, Saumur-Champigny (rouges).

Buzet, Collioure, Côtes du Frontonnais, Côtes du Roussillon (rouges).

Terrine de lapin

Voir terrine de lapereau

Terrine de légumes

L'acidité inhérente aux légumes s'accorde au riesling alsacien et à ses saveurs minérales. On peut cependant préférer une appellation méridionale, tout en tendresse et moins acide, qui offrira une jolie matière et un bouquet aromatique qui ira jusqu'à offrir au plat une agréable tonalité printanière. Un blanc ou un rosé de Provence développeront également des notes de miel, de fruits et de fleurs qui, contrebalancées par des arômes poivrés, apporteront de la tenue et de la fraîcheur à la terrine.

Alsace riesling, Cassis, Côtes de Provence, Palette (blancs).

Bandol, Côtes de Provence, Palette (rosés).

Grüner veltliner ou riesling d'Autriche ; pinot grigio d'Italie.

Terrine de poissons

Cette terrine vaut surtout pour sa légèreté et sa texture rapidement aérienne. Aussi, il est recommandé de choisir un vin blanc assez vif et aromatique pour dynamiser l'accord. Un muscadet risque de manquer de complexité, notamment si les poissons utilisés sont nobles, tandis qu'un chablis doté d'une minéralité et d'une fraîcheur marquées fera ici parfaitement l'affaire. Un vin issu du cépage sauvignon, aux arômes de citron ou de fruits blancs, saura également soutenir le plat.

Chablis, Entre-Deux-Mers, Graves, Mâcon, Menetou-Salon, Mercurey, Pouilly-Fuissé, Pouilly Fumé, Sancerre, Saumur (blancs).

Alsace riesling, Vins de Savoie (Abymes, Apremont, Chignin-Bergeron) (blancs).

Vinho Verde, Douro du Portugal ; sauvignon blanc de tous pays.

Terrine de queue de bœuf

Voir terrine de joue de bœuf

Terrine rustique

Cette préparation à base de porc, notamment de foie et de gorge, appelle un vin blanc suffisamment acide pour contrebalancer le gras de la viande et apporter un peu de vivacité et de fruité au plat. Les blancs de Loire, qu'ils soient à base de chenin ou de sauvignon, développeront de jolies notes de fruits ou d'agrumes qui procureront une réelle longueur en bouche. On pourra toutefois préférer un rouge à condition qu'il soit issu d'appellations septentrionales pour conserver acidité et fraîcheur.

Anjou, Menetou-Salon, Montlouis sec, Pouilly Fumé, Sancerre, Saumur, Savennières, Touraine, Vouvray sec (blancs) ; Brouilly, Fleurie, Givry, Juliénas, Mercurey, Monthélie, Morgon, Moulin-à-Vent, Regnié, Saint-Amour, Santenay (rouges).

Bergerac, Montravel (blancs) ; Côtes du Jura (blanc ou rouge) ; Alsace pinot noir (rouge ou rosé).

Terrine de volaille

Avec une volaille et a fortiori avec une terrine, on peut servir aussi bien un vin blanc qu'un rouge. On préférera toutefois les appellations septentrionales qui conserveront l'acidité nécessaire pour faire face au gras de la préparation. En Bourgogne, un chardonnay à maturité révélera d'heureuses notes briochées ou beurrées, tandis qu'un pinot noir dévoilera des notes à la fois fruitées et presque poivrées. Avec une volaille un peu plus sauvage comme le canard, on optera plutôt pour un cabernet franc de la vallée de la Loire, qui, en vieillissant, développera des notes de champignons voire de sous-bois.

Auxey-Duresses, Ladoix, Mâcon, Mercurey, Meursault, Pernand-Vergelesses, Pouilly-Fuissé (blancs) ; Anjou-Villages - Brissac, Chinon, Fixin, Marsannay, Santenay, Saumur-Champigny, Savigny-lès-Beaune, Volnay, Vougeot (rouges).

Montlouis, Savennières, Vouvray (blancs secs), Alsace gewurztraminer, Alsace riesling, Bergerac, Côtes du Jura, Montravel (blancs).

Chardonnay ou pinot noir de tous pays.

Tête de veau sauce gribiche

Voir sauce gribiche

Tête de veau sauce ravigote

Voir sauce ravigote

Teurgoule

Voir riz au lait

Thon

Les recettes à base de thon ont trop souvent tendance à désécher la chair du poisson. Aussi le vin doit-il être souple voire fluide. On choisira un blanc capable d'offrir un bel équilibre entre acidité et, tout en développant une réelle présence aromatique qui ne sera pas prise à défaut par les notes relativement peu iodées du poisson. Si les rosés, méridionaux de préférence, conviennent bien, les rouges sont également conseillés, à condition toutefois d'être peu tanniques.

Bergerac, Graves, Palette (blancs) ; Côtes de Provence, Côtes du Rhône, Irouléguy, Menetou-Salon, Patrimonio, Sancerre (blancs, rouges ou rosés) ; Lirac, Tavel (rosés).

Saumur-Champigny (rouge).

Cabernet franc, pinot gris, pinot noir ou sémillon de tous pays.

Thon basquaise

Voir sauce basquaise

Tiramisu

Voir millefeuille à la vanille

Tomates farcies

Voir légumes farcis

Tomme de Savoie

Voir cantal

Tournedos Rossini

Voir sauce Rossini

Tourte à la pomme de terre

Voir paté de pommes de terre

Travers de porc à l'aigre-doux

Voir sauce créole

Travers de porc sauce barbecue

Voir sauce barbecue

Tripes

Préparées à la mode de Caen ou comme à Marseille avec une sauce provençale, les tripes s'accompagnent de vins blancs suffisamment acides pour rendre digeste le gras de la préparation. On privilégiera des appellations réputées pour leur exubérance aromatique et notamment les vins issus du cépage sauvignon, capables de soutenir les légumes, les herbes et les condiments qui composent le bouillon. Les adeptes des vins rouges choisiront un gamay possédant assez d'acidité et surtout beaucoup de souplesse et de fruité pour s'épanouir ici.

Beaujolais, Menetou-Salon, Rully, Sancerre (blancs ou rouges).

Côtes d'Auvergne (blanc, rouge ou rosé).

Tripous

Voir tripes

Truffes blanches

Comme la truffe noire, la blanche développe des arômes puissants et complexes. Les rieslings à maturité exacerbent ici leur minéralité jusqu'à offrir des notes d'hydrocarbures assez proches de celles de la truffe blanche. En outre, la texture serrée des blancs d'Alsace s'associe merveilleusement bien avec le tubercule servi en fines lamelles. Quant à l'hermitage, ou au châteauneuf-du-pape en blancs, ils présentent au nez et en bouche des notes d'épices, de fleurs et d'ail tout à fait adaptées. Leur opulence et leur gras apporteront en plus beaucoup de rondeur et de gourmandise à l'accord.

Alsace riesling (blanc).

Châteauneuf-du-Pape, Hermitage (blancs).

Rias Baixas d'Espagne.

Truffes noires

Ce champignon au parfum puissant, ensorcelant, presque charnel, exige des vins qui sauront développer à maturité une rare complexité. Aussi, en blanc comme en rouge, ce produit gastronomique oblige à privilégier des appellations prestigieuses. Les grands bourgognes blancs, tels les meursaults, possèdent une longueur en bouche souvent insoupçonnée qui magnifiera une truffe préparée en toute simplicité avec des tartines beurrées, voire avec des pâtes crémées. De la même façon, un hermitage ou un châteauneuf-du-pape blancs joueront de leur rondeur comme de leurs notes épicées pour signer un accord d'une grande gourmandise. Préparée avec viandes ou gibiers, ou servie chaude, la truffe se montre superbe avec les bordeaux rouges au bouquet évoquant souvent les sous-bois et les champignons. Le cépage merlot d'un pomerol suscite notamment d'heureux contrastes, entre ses tanins aux grains si fins et presque soyeux, et la texture presque croquante de la truffe.

Chassagne-Montrachet, Châteauneuf-du-Pape, Hermitage, Meursault, Puligny-Montrachet et tous les grands crus de Bourgogne (blancs) ; Côte-Rôtie, Hermitage, Margaux, Pauillac, Pessac-Léognan, Pomerol, Saint-Émilion, Saint-Estèphe, Saint-Julien (rouges).

Champagne millésimé (blanc) ; Bandol, Cahors, Madiran (rouges).

Barbaresco, Barolo, Brunello de Montalcino, Chianti Classico, Vino Nobile de Montepulciano d'Italie ; Ribera del Duero, Rioja blanc, Rioja Reserva, Rueda ou Toro d'Espagne.

Turbot

Voir bar

Turbot sauce béarnaise

Voir sauce béarnaise

Turbot sauce hollandaise

Voir sauce béarnaise

Truite

Voir brochet

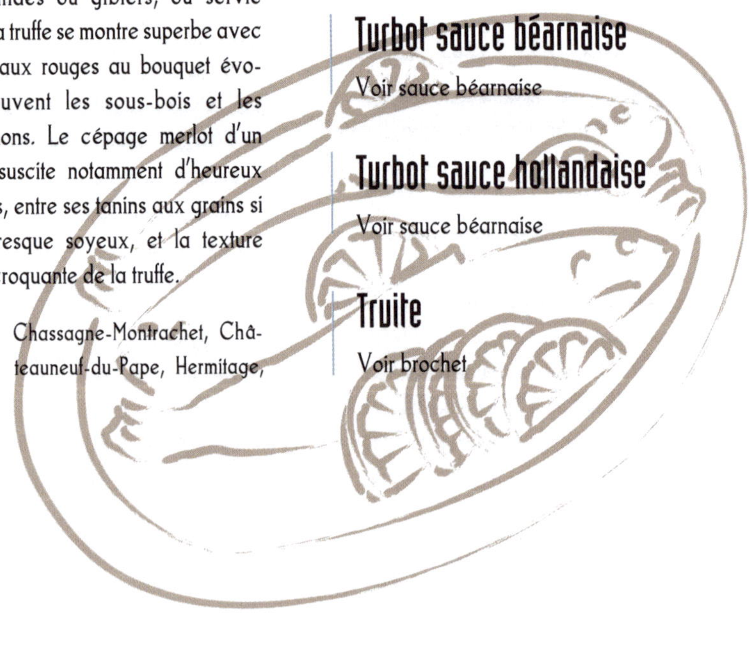

Vacherin

Voir saint-marcellin

Veau à l'ananas

Voir porc à l'ananas

Veau marengo

Voir sauce marengo

Veau à la orloff

La crème, mais aussi les champignons, les oignons et le fromage râpé qui entrent dans la composition de la recette, développent une réelle acidité qui oblige à privilégier les vins blancs. Les bourgognes offrent une onctuosité et une opulence qui siéent à ce plat gastronomique. Pourtant, la complexité aromatique d'un savennières, la minéralité d'un vin jaune ou la puissance d'un châteauneuf-du-pape trouveront avec les champignons et avec les truffes, parfois ajoutées, matière à révéler le plat. Pour les adeptes des rouges, il importe de se limiter à des appellations réputées pour leur souplesse, se mariant à la chair fondante du veau, et offrant des arômes de fumé ou de sous-bois, comme les rouges à maturité du Val de Loire, les graves ou les pessac-léognans du Bordelais.

Auxey-Duresses, Chassagne-Montrachet, Châteauneuf-du-Pape, Mâcon, Mercurey, Meursault, Montlouis sec, Puligny-Montrachet, Savennières, Vouvray sec (blancs) ; Arbois, Arbois-Pupillin Château-Chalon, L'Étoile (vins jaunes) ; Anjou-Villages - Brissac, Bourgueil, Chinon, Graves, Pessac-Léognan, Saumur (rouges).

Champagne millésimé (blanc) ; Bordeaux Supérieur, Haut-Médoc, Margaux, Médoc, Moulis, Saint-Julien (rouges).

Pinotage d'Afrique du Sud ; grüner veltliner d'Autriche ; Dolcetto d'Italie ; chardonnay ou merlot de tous pays.

Viandes rouges et blanches braisées

Avec cette cuisson lente, chère à la cuisine familiale, la viande a toutes les chances de garder son moelleux. L'ajout de liquide, d'aromates ou de légumes permet également de créer des sauces agréablement parfumées. L'accord n'a donc pas besoin d'être précis. On choisira des vins harmonieux, offrant une texture et une palette aromatique tout en rondeur. Les rouges du Bordelais, après quelques années de vieillissement (qui leur permettront de gommer un excès de tanins), ceux fruités du Val de Loire et du Centre, ou les rouges plus épicés de la vallée du Rhône et du pourtour méditerranéen pour les recettes agrémentées d'herbes ou d'olives conviendront parfaitement. Les possibilités sont relativement nombreuses et la seule différence sera dans la gourmandise du vin.

Beaune, Bordeaux Supérieur, Bourgueil, Buzet, Collioure, Côtes de Bourg, Côtes du Rhône, Côtes du Roussillon, Crozes-Hermitage, Fleurie, Mercurey, Morgon, Pernand-Vergelesses, Saint-Joseph, Sancerre, Saumur-Champigny, Volnay (rouges).

Coteaux du Languedoc, Patrimonio (rouges).

Rioja, Somontano, Penedès d'Espagne ; Barbera, Chianti, Chianti Classico ou Rosso di Montalcino d'Italie.

Viandes rouges et blanches grillées

Les grillades rendent difficile l'accord avec le vin, car la viande risque d'offrir des notes très présentes de fumé ou de brûlé. Heureusement, certaines appellations développent au nez ces mêmes notes boisées et fumées qui prendront le dessus sur celles de la viande : un graves dans le Bordelais ou certains vins de la côte de Nuits en Bourgogne. On prendra alors soin de privilégier les belles bouteilles pour les morceaux réputés les plus nobles. Il faut également prendre en compte les herbes de Provence, souvent ajoutées avec excès, auxquelles s'adaptent agréablement certains vins de la vallée du Rhône, de Corse ou du Languedoc, avec leurs notes prononcées de garrigue. Enfin, la cuisson souvent excessive oblige à éviter les vins trop tanniques et astringents comme les Bordeaux jeunes. On préférera des appellations réputées pour leur souplesse et leur fraîcheur, comme les rouges du Val de Loire et du Centre. Ceci vaut particulièrement pour la viande de porc qui, grillée, perd rapidement son moelleux.

Bourgueil, Buzet, Chinon, Côtes de Blaye, Cornas, Coteaux du Languedoc, Côtes de Bourg, Côtes du Lubéron, Côtes du Rhône, Gevrey-Chambertin, Gigondas, Graves, Médoc, Nuits-Saint-Georges, Patrimonio, Pessac-Léognan, Saumur-Champigny, Vosne-Romanée (rouges) ; Coteaux du Languedoc, Tavel (rosés).

Cahors, Côtes du Frontonnais, Irouléguy, Madiran, Tursan (rouges).

Cabernet-sauvignon, merlot ou syrah de tous pays ; Barbaresco, barbera, Barolo, Chianti, Nebbiolo, Nero d'Avola ou Primitivo d'Italie ; Costers del Segre, Penédes, Priorat, Ribera del Duero,

Rioja ou Toro d'Espagne ; Alentejo ou Douro du Portugal.

Viandes rouges et blanches poêlées

Voir viandes rouges et blanches rôties

Viandes rouges et blanches rôties

Cette cuisson rapide permet d'envelopper la viande sur toute sa surface d'une carapace caramélisée et de respecter au mieux sa chair. Aussi, les vins tanniques se plaisent en général avec ce type de préparation, jouant la confrontation des textures et allégeant le gras de cuisson. Une viande juste saignante permet de goûter aux bordeaux encore jeunes, leur astringence ne craignant pas le sang. Avec une pièce de mouton ou un morceau un peu plus cuit et à la chair plus serrée, on choisira des vins moins jeunes : les tanins soyeux d'un pauillac par exemple, voire d'un bandol créeront une harmonie incomparable. On peut cependant préférer un bourgogne qui développera à maturité des arômes évoluant dans un registre animal parfai-tement adapté à ce registre culinaire. Enfin, les vins plus souples et fruités du Val de Loire, en rouge comme en blanc, sont particulièrement recommandés pour accompagner le porc.

Bandol, Bordeaux Supérieur, Cahors, Côte-Rôtie, Côtes de Castillon, Côtes du Rhône, Listrac-Médoc, Madiran, Margaux, Médoc, Moulis, Pauillac, Pomerol, Saint-Émilion, Saint-Estèphe, Saint-Julien, Saumur-Champigny, Volnay (rouges) ; Côtes du Rhône, Mercurey (blancs).

Anjou-Villages - Brissac, Bourgueil, Chinon, Saint-Nicolas-de-Bourgueil, Saumur (rouges).

Pinotage d'Afrique du Sud ; dolcetto et barbera d'Italie ; cabernet-sauvignon, merlot ou syrah de tous pays.

Viandes rouges et blanches sautées

Voir viandes rouges et blanches braisées

Volaille braisée

Avec ce mode de cuisson, la chair des volailles garde tout son moelleux. La première mission du vin consiste alors à honorer tant de douceur. Lorsque la recette incorpore de la crème ou du beurre, les vins blancs sont tout autant recommandés que les rouges. Les chardonnays de Bourgogne, grâce à leur équilibre entre acidité et rondeur aromatique, mais aussi les vins de Champagne dotés de fines bulles mettront en relief la suavité du plat. Les blancs du Val de Loire, s'ils sont demi-secs, donneront de l'opulence à l'accord. Avec les rouges, on recherchera une même rondeur, oubliant les vins trop tanniques, et privilégiant des appellations réputées pour leur texture veloutée et leur fruité : les bourgognes sans oublier les vins de la vallée du Rhône.

Auxey-Duresses, Jasnières, Ladoix, Mâcon, Mâcon-Villages, Mercurey, Montagny, Montlouis, Pernand-Vergelesses, Pouilly-Fuissé, Rully, Saint-Aubin, Saint-Véran, Savennières, Vouvray (blancs) ; Aloxe-Corton, Beaune, Chambolle-Musigny, Chassagne-Montrachet, Chiroubles, Côte-Rôtie, Côtes du Rhône, Crozes-Hermitage, Hermitage, Morgon, Pomerol, Saint-Émilion, Saint-Joseph, Volnay, Vougeot (rouges).

Arbois, Arbois-Pupillin, Château-Chalon, L'Étoile (vins jaunes) ; Côtes du Roussillon, Médoc (rouges).

Chardonnay ou pinot noir de tous pays.

Volaille grillée

Voir viandes rouges et blanches grillées

Volaille rôtie

Cette préparation donne aux volailles une peau croustillante et caramélisée. Le vin doit posséder assez d'acidité pour affronter le gras de cette peau et assez de densité pour se confronter à sa texture. De toute évidence, les bourgognes, avec leur fruité, feront de la dégustation un pur moment de gourmandise : on optera pour un vin peu étoffé avec un simple poulet et on osera en revanche une appellation réputée pour sa finesse avec un chapon. Les vins de la vallée du Rhône, à la fois amples et délicieusement épicés, conviennent mieux avec un canard ou une oie, apportant de la générosité à une chair vite serrée. Quant aux bordeaux, à condition de ne pas les choisir trop jeunes, afin d'éviter toute astringence et de gagner en souplesse, ils seront agréables, offrant de subtiles notes de sous-bois, de havane ou de fumée bien en phase avec la rusticité des volailles.

Côte-Rôtie, Côtes de Beaune-Villages, Côtes du Rhône, Mercurey, Pauillac (rouges).

Bandol, Châteauneuf-du-Pape (rouges).

Grenache ou syrah et assemblages de grenache, syrah et mourvèdre de tous pays.

Volaille sautée

Voir volaille braisée

Vol-au-vent

Voir bouchée à la reine

Waterzoï

Ce plat flamand à base de poisson ou de volaille vaut surtout pour sa sauce réalisée avec le court-bouillon de cuisson et de la crème. Les vins blancs sont à l'honneur, tant les chardonnays pour leur opulence que les sauvignons pour leur jolie acidité fruitée. On pourra également essayer un riesling ou un cru issu du chenin, dont la minéralité apporte une belle longueur en bouche.

Alsace riesling, Auxey-Duresses, Bordeaux Supérieur, Chablis, Côtes de Blaye, Graves, Ladoix, Mâcon, Mercurey, Montagny, Montlouis sec, Pernand-Vergelesses, Pessac-Léognan, Pouilly-Fuissé, Pouilly Fumé, Quincy, Reuilly, Rully, Saint-Romain, Saint-Véran, Sancerre, Menetou-Salon, Savennières, Touraine, Vouvray sec (blancs).

Arbois, Arbois-Pupillin (vins jaunes).

Index

	VINS	PLATS

ABATS

CHARCUTERIES

CRUSTACÉS ET FRUITS DE MER

DESSERTS

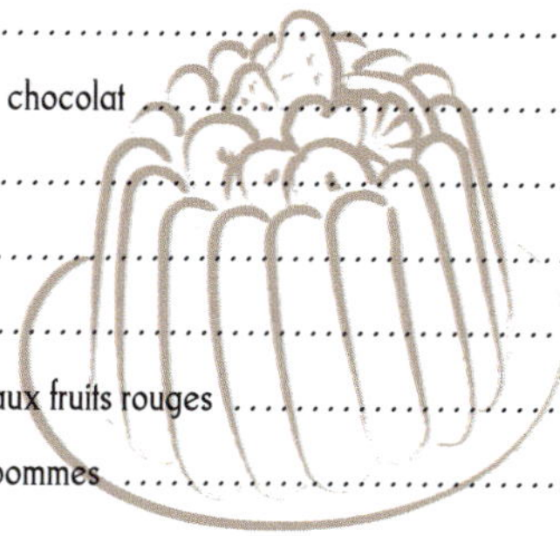

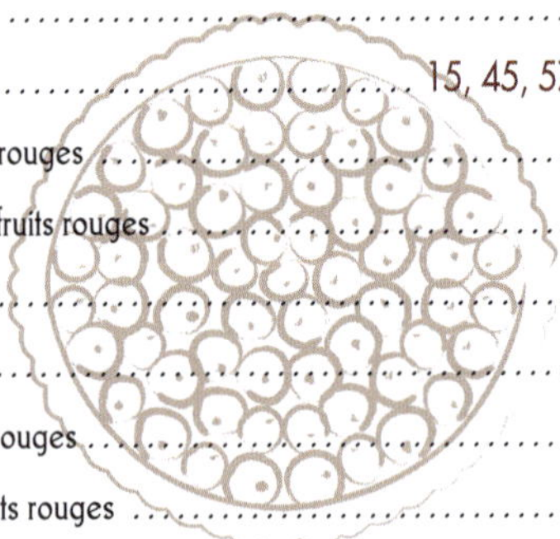

ENTRÉES

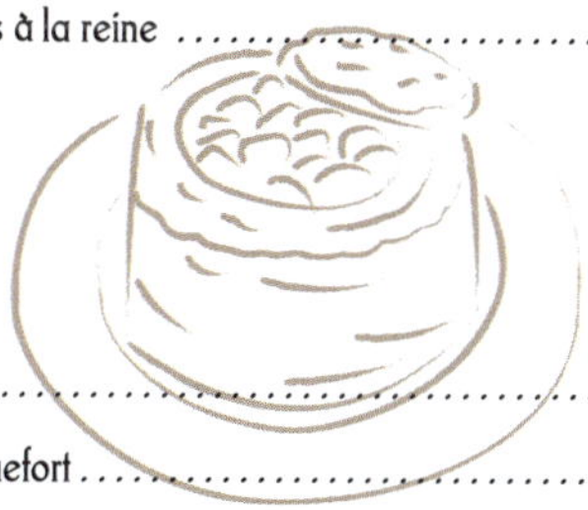

FROMAGES

GIBIERS

LÉGUMES ET ACCOMPAGNEMENTS

PLATS D'ICI ET D'AILLEURS

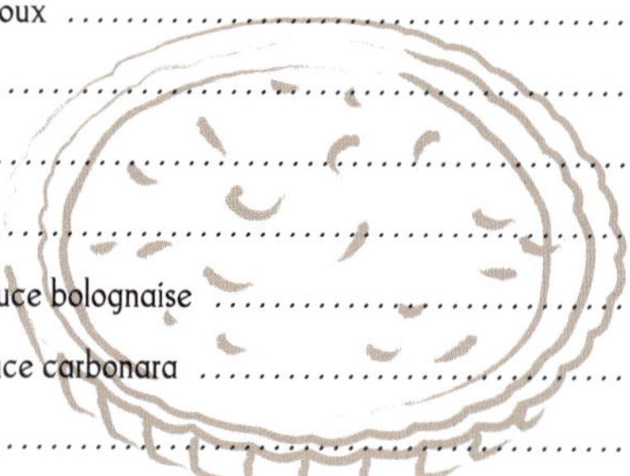

POISSONS

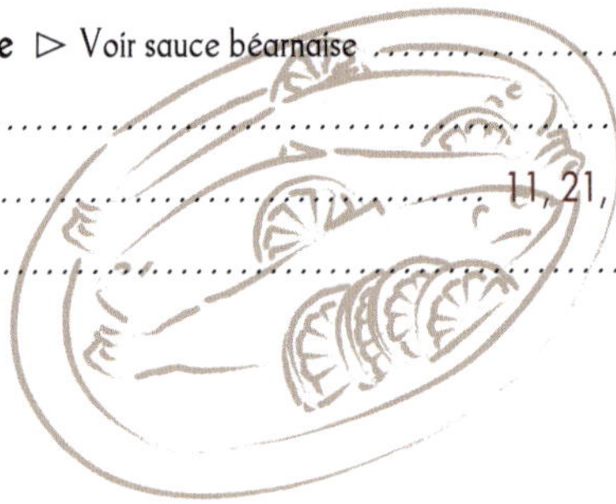

SALADES

SAUCES

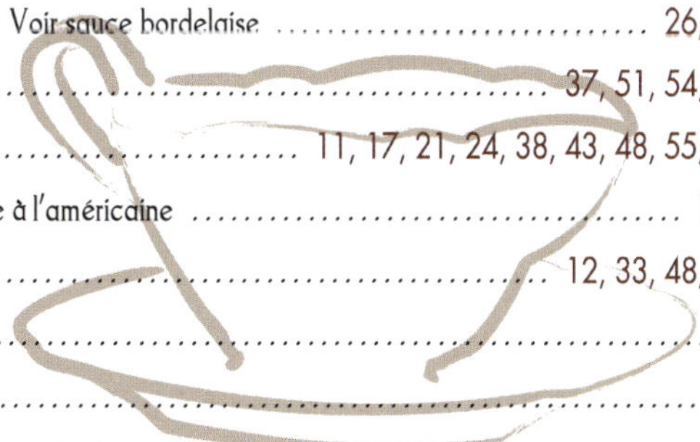

VIANDES BLANCHES

Agneau, mouton

Lapin

Porc

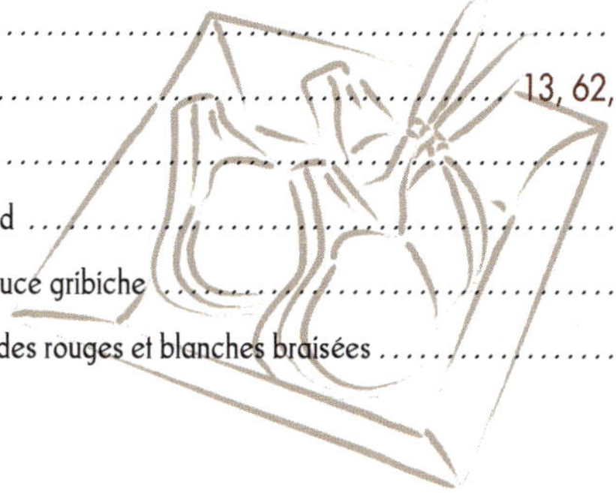

Veau

VIANDES ROUGES

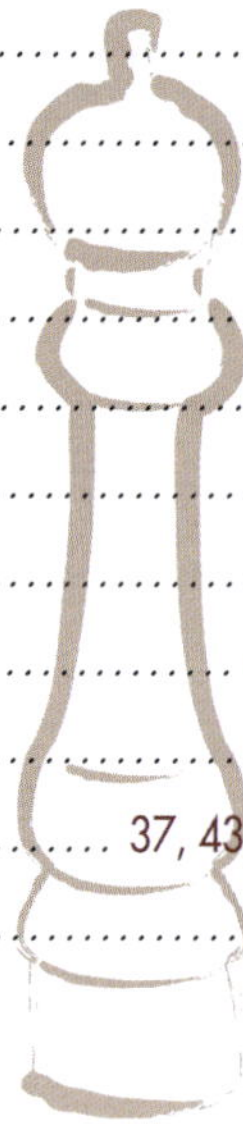

VIANDES ROUGES ET BLANCHES

VOLAILLES

Canard, oie

Dinde, chapon

AUTRES